ESSAI D'HISTOIRE LITTÉRAIRE : GUILLERAGUES, SUBLIGNY ET CHALLE

Des *Lettres Portugaises* aux *Illustres Françaises*

Alain NIDERST

ESSAI D'HISTOIRE LITTÉRAIRE : GUILLERAGUES, SUBLIGNY ET CHALLE

Des *Lettres Portugaises* aux *Illustres Françaises*

LIBRAIRIE NIZET
37510 SAINT-GENOUPH
1999

ISBN 2-7078-1249-8

LES LETTRES PORTUGAISES

En 1669 parut chez Claude Barbin la première édition des *Lettres Portugaises Traduites en françois.* L'achevé d'imprimer est daté du 14 janvier 1669, et le privilège du 28 octobre 1668. L'*Avis au Lecteur* est le suivant :

> "J'ai trouvé les moyens avec beaucoup de soin & de peine de recouvrer une copie correcte de la traduction de cinq Lettres Portugaises qui ont esté écrites à un Gentilhomme de qualité, qui servoit en Portugal. J'ay veu tous ceux qui se connoissent en sentimens, ou les loüer, ou les chercher avec tant d'empressement que j'ay crû que je leurs (*sic*) ferois un singulier plaisir de les imprimer. Je ne scay point le nom de celuy auquel on les a écrites, ny de celuy qui en a fait la traduction, mais il m'a semblé que je ne devois pas leur déplaire en les rendant publiques ; il est difficile qu'elles n'eussent enfin parû avec des fautes d'impression qui les eussent defigurées."

En 1672 Claude Barbin redonne cet ouvrage sans aucun changement. Entre temps il a publié deux autres éditions fort différentes. La première est sortie le 1er juin 1669[1]. On y trouve des *Responses aux Lettres Portu-*

1. Bib. Avignon 8° 8092. Même édition publiée à Grenoble, chez Robert Philippes (Bib. Lyon 800128).

gaises. Dans une longue préface est exposée la genèse de ces nouvelles épîtres :

> "Pour la satisfaction du Lecteur & pour ma propre justification je crois que je dois dire deux mots du dessein qui m'a obligé d'entreprendre ces Lettres. Je ne pretens pas d'eclaircir icy le lecteur si les cinq Portugaises sont ou veritables ou supposées, ny si elles s'adressent, comme on l'a dit, à un des plus signalez Seigneurs du Royaume ; ce n'est pas sur cette matiere que je veux faire montre de mon sçavoir : Je diray seulement que l'ingenuité & la passion toute pure qui paroissent dans ces cinq Lettres Portugaises, permettent à peu de gens de douter qu'elles n'ayent esté veritablement écrites. Quant au dessein qui m'a obligé à y faire des réponses, je suis trop franc pour dissimuler ce que m'en a dit un des beaux esprits de France : on m'a d'abord representé la grandeur de l'entreprise, la difficulté d'y reüssir, & la temerité dont on m'accuseroit si la reüssite n'étoit pas favorable. On m'a dit qu'une passion violente avoit inspiré ces cinq premieres Lettres, & qu'un homme qui ne seroit pas touché d'une pareille passion ne reüssiroit jamais heureusement à y faire des réponses : que c'estoit une fille qui avoit fait les premieres, & que dans l'ame des personnes de ce sexe les passions estoient plus fortes, & plus ardentes que dans celle d'un homme où elles sont toûjours plus tranquilles, que c'estoit outre cela une Religieuse, plus capable d'un grand attachement, & d'un transport amoureux qu'une personne du monde. et que moy n'estant ny fille, ny Religieuse, ny peut estre amoureux, je ne pourrois pas seconder dans mes Lettres ces sentimens qu'on admire avec sujet dans les premieres. Enfin on m'a proposé le destin d'Aulus Sabinus, qui avoit répondu à quelques-unes des Heroïdes d'Ovide, mais avec si peu de succez que celles-là ne faisoient presque que relever l'éclat de

celles-cy, quoy que ce ne fut qu'un jeu d'esprit, où la passion & le cœur n'avoient nulle part. C'en estoit bien là assez pour rebuter un courage moins échauffé que le mien : pour moy je ne me rendis pas à ces raisons, je vis bien que la beauté nouvelle des Portugaises estoit inimitable, & qu'elles pouvoient justement estre appellées un prodige d'Amour : je crus neantmoins que quand mes réponses n'en seroient pas si prodigieuses, elles ne laisseroient pas pour cela de passer : si elles ne sont pas si amoureuses & si passionnées, qu'y faire pourveu qu'il y ait quelque feu ? J'aime mieux qu'on me prenne pour un homme d'esprit, que pour un homme Amoureux : en tout cas, que l'on s'imagine si mes réponses sont peu supportables, que je ne les ay faites ainsi que pour mieux imiter celles dont la Dame Portugaise se plaint dans la quatriéme Lettre page 101 où elle les trouve des *Lettres froides & pleines de redites*, & dans la Lettre cinquiéme page 139, où elle se plaint des *impertinentes protestations d'amitié & des civilitez ridicules*, dont son Amant avoit remply sa derniere Lettre. C'est bien là à mon advis la moindre grace que l'on me puisse accorder. Si l'on considere pourtant la grandeur du dessein, on ne me blâmera pas entierement de n'y avoir pas bien reüssi, au contrairer peut-estre loüera-t-on mon entreprise. Les raisons qui sont au commencement de cette Preface & que je trouve invincibles serviront au pis aller à me mettre à couvert des traits de la Critique, pour ne pas dire de l'envie : Au reste, le lecteur sera peut-estre estonné de voir six lettres qui ne répondent qu'à cinq, mais je l'advertis que la premiere des Portugaises parloit d'une Lettre que luy avoit deja écrite son amant lors de son départ, j'ay crû que je ne pouvois pas me dispenser d'en faire une. Je n'avois garde de laisser passer un si beau sujet d'écrire sans en profiter. C'est tout ce que j'avois à dire. Adieu."

Ce texte ne manque pas d'esprit, mais il n'est pas toujours trop bien écrit, et on peut y relever deux tournures un peu singulières ou archaïques : *seconder* pour "égaler" ; "le dessein qui *oblige* d'entreprendre ces lettres..." Le message général est clair : un écrivain s'est amusé à rédiger six lettres pour répondre aux cinq *portugaises*. Pourquoi six ? La première – que nous baptiserons R1 – précède la première *portugaise* – que nous appellerons L1 – au lieu de la suivre ; les autres – R2, R3, R4, R5, R6 – répondent respectivement à L1, L2, L3, L4, L5. Ces réponses ne sont donc qu'un jeu d'esprit, alors que les lettres de la religieuse étaient peut-être authentiques, en donnaient en tout cas l'impression, tant elles étaient pénétrées de sensiblité[2]...

Le 20 août 1669 paraissait une autre édition Barbin[3]. Sept nouvelles *portugaises* y figuraient à la suite des cinq premières. L'avis *au Lecteur* était le suivant :

> "Le bruit qu'a fait la traduction des cinq Lettres portugaises, a donné le desir à quelque personne de qualité d'en traduire quelques Nouvelles qui leur (*sic*) sont tombées entre les mains. Les premieres ont eu tant de cours dans le monde, que l'on devoit apprehender avec justice d'exposer celles-cy en Public. Mais comme elles sont d'une Femme du Monde, qui écrit d'un style different de celuy d'une Religieuse : j'ay crû que cette difference pourroit plaire ; & que peut-estre l'Ouvrage n'est pas si desagreable, qu'on ne me sçache quelque gré de le donner au Public."

2 Cette édition fut réimprimée en 1670 : Bib. de l'Arsenal, 8° B. 19903.

3 Bib. de l'Arsenal 8° N.F. 5534.

Ainsi donc une dame portugaise, qu'on ne saurait confondre avec la religieuse, aurait écrit des lettres d'amour ou de galanterie, qu'on aurait traduites en français, comme on avait traduit les premières. Appelons ces épîtres L6, L7, L8, L9, L10, L11, L12.

La même année paraissait à Paris, chez Loyson, une édition contenant les *Responces aux lettres portugaises traduites en françois*[4]. Ces cinq épîtres n'ont rien à voir avec les "réponses" de l'édition Barbin, et elles seraient authentiques, alors que les autres étaient présentées comme un jeu d'esprit. Nous les baptiserons, cela va de soi, R7, R8, R9, R10, R11.

> "La curiosité – lit-on dans l'avis *Au Lecteur* – que vous avez euë de voir les douze Lettres Portugaises, écrites à un gentilhomme de retour de Portugal en France, m'a persuadé que vous ne seriez pas moins curieux de voir ses réponses ; elles me sont tombées entre les mains de la part d'un de ses amis qui m'est inconnu ; il m'a assuré qu'étant en Portugal, il en obtint les copies écrites en langue du Païs, d'une abbesse d'un Monastere qui recevoit ces Lettres & les retenoit au lieu de les donner à la religieuse à qui elles s'edressoient. Je ne sçay pas le nom de celuy qui les a écrites, ni qui en a fait la traduction, mais j'ay crû ne leur rendre pas de déplaisir en les rendant publiques, puisque les autres le sont deja. Les personnes qui se connoissent en ce genre d'écrire, ne les ont pas désaprouvées. Quoi qu'il en soit, si elles ne sont pas aussi galantes que les autres, elles sont aussi touchantes : l'on m'a assuré que le Gentilhomme qui les a écrites est retourné en Portugal."

4. Bib. Nat. Rés. p. Y2. 3092 (3).

Quel joli roman ! Une abbesse portugaise intercepte les lettres d'un gentilhomme français et les remet, on ne sait pourquoi, à un ami de ce gentilhomme. Ce personnage que nous ne connaissons pas, nous donne ces épîtres, qui ont été traduites, on ne sait par qui, en français. La liaison n'est pas finie. Le gentilhomme est revenu au Portugal revoir sa belle nonne. Fait-on vraiment effort pour piquer notre curiosité et nous persuader de l'authenticité de cette correspondance ? Ou ne s'amuse-t-on pas plutôt à parodier et à ridiculiser l'effort de tant d'éditeurs pour faire paraître vrai ce qui est purement fictif ?

Dans les éditions de Cologne de 1669[5] et de 1678 l'*Avis au Lecteur* de Barbin est repris, mais corrigé. Au début de la troisième phrase, on lit : "Le nom de celuy auquel on les a écrites est Monsieur le Chevalier de Chamilly & le nom de celuy qui en a fait la traduction est Cuilleragues" – c'est-à-dire évidemment Guilleragues, et la même assertion se retrouve dans l'édition de La Haye de 1682[6], où sont regroupées les vingt-trois lettres que nous avons rencontrées jusqu'ici – soit les cinq *portugaises* de la religieuse, les sept *portugaises* de "la femme du monde", les six réponses écrites à plaisir et les cinq réponses qui seraient authentiques. Se suivent donc les douze *portugaises* – d'abord celles de la femme du monde, puis celles de la religieuse, soit L6, L7, L8, L9, L10, L11, L12, L1, L2, L3, L4, L5 – et les onze "réponses", d'abord les cinq de Loyson, puis les six de Barbin, soit R6, R7, R8, R9, R10, R11, R1, R2, R3, R4, R5.

5. Décrite par Antonio Gonçalves Rodrigues dans *Marina Alcofarado, historia e critica de una fraude literaria*, Coïmbre, 1943, p. 88.

6. Chez Corneille de Graef (Aix, Bib. Méjanes G. 4578).

Guilleragues et Chamilly disparaissent dans l'édition de Lyon de 1686[7]. On retrouve la phrase de Barbin : "Je ne sçay point le nom de celuy auquel on les a écrites, ny de celuy qui en a fait la traduction..." On semble aller vers le roman, car on s'applique à situer chaque réponse après la lettre qui l'a suscitée. Au moins dans la "première partie", où l'on enchevêtre les cinq portugaises de la première édition – L1, L2, L3, L4, L5 – et les six réponses qui les accompagnaient, mais tout est faussé : R1 suit L1 au lieu de la précéder, et cette modification initiale change tout : R2 répond à L2, R3 à L3, R4 à L4, R5 à L5, et R6 est isolée. Cet effort est abandonné dans la seconde partie, qui comprend deux blocs : d'abord les sept lettres de "la dame du monde" – L6, L7, L8, L9, L10, L11, L12 – puis les cinq "réponses" de 1678 – R7, R8, R9, R10, R11 – qui se prétendaient adressées à une religieuse. La différence naguère indiquée entre les deux épistolières est maintenant gommée : si l'*Avis au Lecteur* reprend les deux premières phrases de celui d'août 1669, au lieu de "Mais comme elles sont d'une Femme du Monde...", on lit maintenant : "Mais, comme elles sont à peu prés du mesme caractere, j'ay cru que cette conformité pourroit plaire, & que peut-estre l'Ouvrage n'est pas si desgreable, qu'on ne me sache quelque gré de le donner au public."[8]

C'est encore autre chose dans le *Recueil de lettres*

7. Lyon, Fr. Roux et Ch. Chize (Aix, Bibliothèque Méjanes, G. 6301).

8. Cette édition est littéralement reproduite en 1690, à Lyon, chez Jean Viret.

galantes et Amoureuses de 1704[9]. Les *portugaises* et les réponses sont remises dans l'ordre de l'édition de 1682, mais insérées les unes dans les autres. nous avons donc à la suite L6, R6, L7, R7, L8, R8, L9, R9, L10, R10, L11, R1, L12, R2, L1, R3, L2, R4, L3, R5, L4, R6, L5. Le même ordre est adopté dans l'édition de 1742[10]. L'*Avertissement du Libraire* précise : "Le style, la diction, la naïveté, la vérité de ces *Lettres* sont autant de traits qui caractérisent cet Ouvrage, & autant de raisons qui nous ont engagés à en faire une nouvelle Edition", et, après nous avoir expliqué la disposition adoptée, on ajoute que d'autres "lettres d'amour" ont été imprimées à la suite, ainsi que des morceaux des *Poésies Françoises* de l'abbé Régnier-Desmarais.

Quelle œuvre étrange ! Elle comprend tantôt cinq, tantôt dix, tantôt onze, tantôt vingt-trois lettres. La disposition des lettres est modifiée d'une édition à l'autre, les réponses sont décalées ; et même le détail de l'élocution peut être altéré. ainsi arrive-t-il que le fameux "Considère, mon amour..." devienne "Considère, mon cher"[11].

Nous avions appris qu'une œuvre littéraire pour être achevée devait avoir une nécessité interne et donc un style et une composition auxquels on ne pouvait toucher.

9. Amstersam, François Roger, 1704 (Aix, Bibliothèque Méjanes, G. 4448).

10. *Lettres d'amour d'une Religieuse portugaise, ecrites au chevalier de C. Officier Français en Portugal, Revûes, corrigées & augmentées de plusieurs nouvelles Lettres, & de differentes Pieces de Poësie*, La Haye, Antoine Van Dole.

11. *Recueil*, 1704, p. 225.

Nous voici en face d'un livre qu'on peut couper comme on veut ou étendre à loisir. Les éditeurs ne se gênent pas pour déplacer des éléments ni pour modifier des phrases ; et cette étrange instabilité, cette exceptionnelle fragilité, n'empêchent le recueil d'être indéfiniment réimprimé, d'être traduit dans les langues étrangères, de garder à travers les siècles un fabuleux rayonnement.

Il est vrai que seules les cinq premières *portugaises* conservèrent cet éclat. Les réponses et les sept lettres de "la femme du monde", qui suscitèrent les unes et les autres des jugements variés, et souvent sévères, disparurent au dix-neuvième siècle...[12]

12. L'abbé Mercier de Saint-Léger dans l'introduction du *Recueil* de 1704 accepte l'authenticité des sept lettres de "la femme du monde" auxquelles il reconnaît une "identité de style" avec les cinq portugaises. Il est en revanche fort sévère pour les réponses, ces "réponses supposées, écrit-il, qui se trouvent à la suite des lettres portugaises dans presque toutes ces indignes éditions; réponses triviales et sans nul intérêt..." Récemment Jean-Pierre et Thérèse Lassalle ont découvert un manuscrit où les douze lettres (et non les réponses) se trouvaient regroupées. Comme l'abbé de Saint-Léger, qu'ils citent, ils ont donc été amenés à placer les douze lettres sur le même plan et ils les ont publiées ensemble : *Un manuscrit des Lettres d'une Religieuse portugaise, Leçons, interrogations, hyppothèses*, Paris-Seatle-Tübingen, *Papers on French Seventeenth Century Literature, Biblio 17*,1982.

LE "BEAU MOUSQUETAIRE"

Les *Lettres historiques et Galantes* de Mme Du Noyer[13] contiennent maintes anecdotes curieuses. On y apprend que le marquis de Ségur "autrefois si connu sous le nom de beau Mousquetaire (...) est encore un homme très-bien fait, quoiqu'il ait une jambe de moins." Cadet de Gascogne fort peu fortuné, il s'engagea dans les mousquetaires, et, tandis qu'il accompagnait la cour à Fontainebleau, il lui arriva de se rendre à Nemours à l'abbaye de la Joye. L'abbesse était "une jeune Nonnette, belle & charmante, qui ne respiroit que la joye & le plaisir." Le marquis était fort séduisant ; il "sçavoit danser, chanter, & joüoit si divinement du Luth..." ; leurs "tendres accords eurent bien-tôt des suites embarrassantes." Le marquis suivit la cour à Paris et abandonna sa religieuse. C'était la fille du duc de S... A... : comprendre évidemment Saint-Aignan. Elle se fit ordonner les eaux et acoucha à Versailles. "On lui ôta son abbaye, & elle fut enfermée pour le reste de ses jours dans un couvent", où elle emporta "le portrait du marquis de Ségur en sainte *Cecile* jouant du luth." Le roi voulut voir le séducteur, qui lui

13. Première édition 1704, nous avons utilisé l'édition "revue, corrigée et augmenté d'un sixième tome", Londres, Jean Nouse, 1741.

plut ; ainsi commença la fortune du marquis et de sa famille ; il épousa peu après la fille d'un fermier général très riche. Quel rapport entre cette jolie histoire[14] et les *Lettres portugaises* ? "On dit que c'est à cette dame que l'on doit ces lettres si passionnées qui ont paru dans le monde sous le nom de *Lettres Portugaises* : On prétend que c'est l'abbesse de la *Joye* qui les a écrites à M. de *Segure* (*sic*), & que c'est pour dépaïser la scéne qu'on a supposé qu'elles venoient de *Portugal*."[15]

Rien d'invraisemblable dans cette histoire. Anne de Beauviller, fille du duc de Saint-Aignan, naquit en 1652 ; elle fut d'abord coadjutrice de l'abbaye de la Joye, puis titulaire en 1669, succédant à sa sœur, qui avait quitté cette maison pour le Lieu-notre-Dame près de Romorantin. En 1688 Anne se démet de son abbaye et va finir ses jours chez les Bernardines d'Argenteuil. Tout cela est conforme au récit de Mme Du Noyer. Henri-Joseph de Ségur était né en 1664. De bonne famille, mais fort désargenté, il épousa en 1688 Claude-Elisabeth Binet et devint bientôt gouverneur du pays de Foix, lieutenant général de Champagne et de Brie, grand-croix de l'ordre de saint Louis, maître de la garde-robe du régent, capitaine-lieutenant des chevau-légers d'Anjou. Son arrière-petit-fils Louis-Philippe note dans ses *Mémoires :* "Mon bisaïeul releva notre fortune : s'étant distingué à la guerre, il

14. Elle se retrouve dans Saint-Simon, éd. Boislisle, Paris, Hachette, 1892, t. IX, p. 2, sv. Mais Saint-Simon n'évoque pas les *portugaises*, qu'il croit d'ailleurs écrites pour Chamilly; voir l'article de Michèle Froment, "La *Dame pasquine* et le peintre d'histoire", dans *Cahiers Saint-Simon*, t. IV, 1976, p. 51-56.

15. Mme du Noyer, *op. cit.*, t. I, p. 484-488.

devint officier général, eut une jambe emportée et obtint le cordon rouge."[16]

Mme Du Noyer n'est pas trop affirmative sur l'origine des lettres portugaises : "On dit que...on prétend" ; elle a raison : les dates interdisent absolument d'attribuer ces héroïdes à l'abbesse de la Joye. En 1669, lorsque Barbin les publia, Ségur n'avait que cinq ans. Sa liaison avec Anne de Beauviller doit se situer vers 1685. La cour se rendait d'ordinaire en automne à Fontainebleau, et c'est là que fut promulguée en octobre 1685 la révocation de l'Edit de Nantes ; si l'on veut à tout prix établir une relation entre cette anecdote et les portugaises, il faudrait dire qu'Anne de Beauviller dans ses amours et peut-être sa correspondance s'est conformée à l'illustre nonne de Lusitanie, bref, comme le disait Oscar Wilde, que la réalité a imité l'art au lieu de l'inspirer.

16. Ségur, *Mémoires ou Souvenirs et Anecdotes*, Paris, Alexis Aymery, 1824, t. I, p. 6.

NOÊL DE CHAMILLY ET MARIANE ALCOFORADO

Dans toutes les éditions françaises du dix-septième siècle est littéralement reprise la phrase de l'édition originale : "Je ne sçay point le nom de celuy auquel on les a écrites, ny de celuy qui en a fait la traduction." A quoi répliquent toutes les éditions étrangères, celle de Cologne de 1660, décrite par Gonçalves Rodrigues, celle de Cologne de 1678, celle de La Haye de 1682, celle de La Haye de 1690, celle d'Amsterdam de 1704 : "Le nom de celuy auquel on les a ecrites est Monsieur le chevalier de Chamilly, & le nom de celuy qui en a fait la traduction est Cuilleragues." Visiblement les Hollandais et les Allemands tiennent à rectifier ce que Barbin et ses successeurs ont proféré. Comme pour montrer qu'ils sont libres de dire la vérité, devant laquelle reculent les sujets du roi-soleil, et il ne leur est certainement pas désagréable de jeter une ombre de scandale sur les officiers français qui combattirent au Portugal : nous sommes au temps de la guerre de Hollande et de la Ligue d'Augsbourg.

Noël Bouton de Chamilly était né en 1636. Il passa au Portugal en 1663, fut nommé capitaine dans le régiment de cavalerie de Briquemant en avril 1664 et servit sous le maréchal de Schomberg jusqu'en 1667. Il participa en juin 1664 à la prise de Valence d'Alcatara, puis à la victoire de Castel-Rodrigès, l'année suivante à celles de Villaviciosa et de Badajos. En décembre 1665 il leva un régiment de cavalerie, en fut le maître de camp, ainsi que le capitaine de la première compagnie. On le retrouve en 1666 à la prise de Bensés, de Guardia, d'Alqueric, de Payamoge, de Sant-Lucas[17].

Dans ses lettres la religieuse portugaise évoque le frère et la belle-sœur de son amant. Ce sont eux, en tout cas sa famille, qui lui ont écrit et ont provoqué son départ pour la France. Il se disait aussi obligé "d'aller servir son roi" ; L'amoureuse gémit : "Je n'ai pas reçu une seule lettre de vous depuis six mois" dans la même épître où elle affirme avoir appris que "la paix de la France était faite"[18]. Il s'agit évidemment de la paix d'Aix-la-Chapelle, qui termina la guerre de Dévolution. elle fut signée le 4 mai 1668. Il fallut plusieurs semaines pour que cette nouvelle fût connue au Portugal[19]. On peut donc dater cette lettre de juin. L'amant de la religieuse est parti au moins six mois plus tôt, soit avant décembre 1667.

Toutes ces indications s'accordent assez bien avec la biographie de Chamilly. Son frère aîné, le comte Hérard

17. Pinard, *Chronologie Historique-Militaire*, Paris, Claude Herissant, 1761, t. III, p. 113-114.

18. Lettre II.

19. Quand Schomberg se rembarque le 1° juin, il ignore encore le traité de paix. Il ne l'apprendra qu'en arrivant à La Rochelle, le 14 juin (Ablancourt, *Mémoires contenant l'Histoire de Portugal Depuis le traité des Pyrenées de 1659 jusqu'à 1668*, Amsterdam, J.-Louis de Lorme, 1701, p. 380, sv.).

III Bouton de Chamilly avait épousé en 1662 Catherine Le Comte de Nonant. Le corps expéditionnaire ne s'embarqua qu'au printemps 1668 après la signature de la paix, mais il est avéré que Chamilly "était rentré en France avant les autres."[20] Peut-être même dès le printemps 1667, puisque la *Gazette* signale sa présence "dans une escarmouche" à Lille le 29 juillet. En ce cas il n'aurait pu évidemment combattre à Fereira en septembre 1667, ainsi que l'affirme Pinard. Il est permis d'hésiter : peut-être Pinard s'est-il trompé ; peut-être le rédacteur de la *Gazette* a-t-il confondu Noël de Chamily et son frère Hérard, qui fut, en effet, blessé devant Lille le 22 août. Il demeure que Noël s'embarqua, alors que la guerre n'était pas finie, et il n'est pas impossible que sa liaison avec une nonne ait ému son aîné, qui lui aurait enjoint de revenir en France. Mais, nous objectera-t-on, il était marquis, et non chevalier, de Chamilly ; il ne fut jamais chevalier de Malte, comme son oncle Louis, qui tomba à Gigery en 1664. Plaisante objection, que la lecture du *Littré* suffit à dissiper : "*Chevalier,* y lit-on, est un titre qui se donnait souvent aux cadets de bonne maison", et une citation de Mme de Sévigné vient illustrer cette définition[21]. Noël était le cadet du comte de Chamily : il pouvait se faire appeler marquis ou chevalier de Chamilly ; sans doute préférait-il être dit marquis, mais cela signi-

20. Ed. Deloffre-Rougeot, Genève, Droz, 1972, p. 97.

21. *Dictionnaire* de Littré, article *chevalier*: "C'est un homme de vingt-huit ans, intime ami de monsieur de Tulle, qui s'en va avec lui ; nous le voulions nommer le chevalier Mascaron, mais je crois qu'il surpassera son aîné", *Sév.*, 6 mai 1672.

fiait simplement "cadet"[22]. La *Gazette* a l'obligeance de lui donner du marquis ; les éditeurs allemands ou hollandais se contentent de le nommer chevalier, ce qui revient exactement au même.

En 1672[23] parut *La Medaille Curieuse où sont gravez deux Ecueils redoutables à tous les jeunes cœurs, & où les vieux Capitaines & les plus experimentez amans trouveront quelque chose de surprenant.* Sous ce titre bizarre se cache la relation de l'expédition des volontaires français sous La Feuillade et le comte de Saint-Pol pour secourir les Vénitiens assigés dans Candie par les Turcs. On y apprend que la flotte, affrontant des vents peu favorables, mit deux mois à aller de Marseille à Candie. Ces retards eurent leur utilité. ils permirent la "conversion" des matelots et des gentilshommes :

> "Ce ne fut que par une longue suite de tems, que ce Pere Chevigny, dont toute la France a connu le merite & le zele ardent pour la seule gloire de Dieu, put enfin changer à tous generalement le cœur, le langage & les occupations de divertissemens pendant une si ennuyeuse Navigation. Les Romans, les blasphemes, les dez, & les cartes pipées ou non ; tout cela ne parut plus ; l'on ne vit plus sur les Tilliacs que les œuvres de Grenade, ou des Imitations de Jesus. L'on ne joüoit plus aux Echets

22. *Ibid.*, article *marquis* : allusion à *L'Homme singulier* de Destouches, et citations des *Trois frères rivaux* de La Font. En fait, il faut encore nuancer. Littré affirme que "le frère cadet d'un marquis" est comte ; chez les Chamilly, les deux titres sont intervertis. Rien d'étonnant à cela : dans la noblesse de l'Ancien Régime on hésite souvent sur la prééminence respective du comte et du marquis.

23. Paris, P. Le Monnier. Privilège du 16 août 1671 donné à M.L.C.D.V. Achevé d'imprimer du 20 février 1672.

ou aux dames, auxquelles on ne se ruine pas sur les Vaisseaux, sy l'on ne sçauroit philouter ; Les querelles y estoient tousjours honteusement pacifiées pour les agresseurs, & enfin les conversations étoient sur d'autres matieres, & sans emportemens.

Ce fut donc avec le tems que les vens accorderent, que ce sage pieux Pere insinuast à tous ceux qui estoient sur ce bord de beaux desirs, aprés de cerieuses *(sic)* reflections à ces entretiens : mais qu'il luy falut pour cela de travaux, de prudences, d'adresses, & mesmes d'emportemens. Il me souvient que je le vis fondre sur les originaux des lettres de cette Portugaize, que celuy à qui elles l'adressoient, tenoit pour lors entre les mains, en les montrant à un de ses amis, je le vis, dis-je, s'élancer dessus avec des excés de zele plus passionnez que les interests des affaires humaines ne passionnent pas d'ordinaire ; quelles delices n'eut pas ce bon Pere à jetter de si jolies & de si touchantes choses dans la mer, où Monsieur de Chamilly les voyant abismer peu à peu certains restes de tendresses l'alloient trouver aussi jusque dans le plus sensible de son cœur. Il offrit beaucoup d'argent à des Matelots pour les sauver, mais il ne luy parut pas la moindre colere contre le Reverend Pere ; il estoit si fort aymé de tous, & l'on luy estoit si soûmis, que l'on eut pris tous ces gens egarez peu avant dans tous les desordres imaginables pour autant de religieux qui faisoient une espece de Congregation sous luy."[24]

Texte plaisant, visiblement empreint d'imagination romanesque. Le lecteur parvient mal à se persuder que les marins et les jeunes gens qui vont combattre les Turcs, puissent ainsi être touchés par la grâce et renoncer aux

24. *La Medaille Curieuse*, p. 203.

divertissements empoisonnés qui leur sont habituels. Faut-il en conclure que tout est faux ? Des Roches publia en 1670 un *Journal veritable de ce qui s'est passé en Candie sous Monsieur le duc de La Feüillade*[25]. Destiné à répliquer aux erreurs et aux mensonges contenus dans un autre récit, *L'Expedition de Monsieur de La Feuillade en Candie*, cet ouvrage fourmille de détails. Nous y apprenons le nom de tous les navires et de ceux qui les commandent ; On nous y explique que l'embarquement se fit le 20 septembre 1668, et qu'après s'être arrêtés en Sardaigne, à Malte, à Zante, La Feuillade et Saint-Pol ne firent leur entrée à Candie que le 1er novembre. Cela ne fait pas deux mois, mais cela en approche...Deux oratoriens accompagnaient les troupes : le P. Brunet et le P. Chevigny. La présence de Chamilly ne passe pas inaperçue : il tente une sortie le 21 novembre ; il se signale le 29 novembre ; il est deux fois blessé, avant et durant la sortie du 16 décembre. Rien donc de scandaleusement aberrant dans le récit un peu hagiographique de *La Medaille Curieuse*.

Chamilly destinataire des *Portugaises* – c'est encore ce que diront Saint-Simon[26], Eugène Asse[27], Claude Aveline[28] et bien d'autres...

Le problème n'est pas pour autant résolu. Si les lettres ont authentiques, il faudrait identifier la nonne qui les composa, et aussi l'écrivain qui les traduisit, car personne

25. Paris, Charles de Sercy, achevé d'imprimer du 2 juin.

26. Ed. Boislisle, Paris, Hachette, 1879-1928, t. XI, p. 10-11.

27. *Lettres Portugaises, avec les réponses*, p. p. Eugène Asse, Paris, Charpentier, 1873, p. IX, sv.

28. *Et tout le reste n'est rien*, Paris, Mercure de France, 1951.

ne semble croire qu'elles aient pu – à une époque pourtant où toute l'aristocratie européenne s'exprimait dans notre langue - être directement écrites en français.

Il importe également dans cette optique "chosiste" de regarder de près tous les détails concrets que contiennent ces héroïdes. Dans la lettre IV nous apprenons que le navire qui transportait Chamilly, a dû relâcher en Algarve et a donc quitté Lisbonne depuis peu de temps. La lettre V est évidemment la dernière : "Je vous écris pour la dernière fois". On peut hésiter pour les autres missives. Peut-être faudrait-il après la lettre IV situer la lettre III, dans laquelle la religieuse regrette le naufrage de ses illusions : "J'espérais que vous m'écririez de tous les endroits où vous passeriez et que vos lettres seraient fort longues" : ne paraît-elle pas songer au voyage de son amant vers la France et aux escales qu'il a dû faire ? Puis ce seraient les épîtres II – où elle se plaint de n'avoir "pas reçu une seule lettre de vous depuis six mois" et I : il lui a envoyé des lettres "pleines de choses inutiles". Cela demeure incertain[29]. En tout cas, il nous paraît un peu rapide de mépriser le concret et de ne vouloir considérer que le succession des sentiments, telle qu'elle se dessine en suivant l'ordre des lettres adopté – on ne sait pourquoi – par Barbin et ses successeurs[30].

29. Dans notre recension de l'édition Deloffre-Rougeot (*Kritikon Litterarum*, 1975), nous avions adopté, comme Maurice Paléologue dans *Profils de femmes*, Paris, Calmann Lévy, 1895, l'ordre suivant: IV, II, I, III, V.

30. Ed. Bernard Bray-Isabelle Landy-Houillon, Paris, Garnier-Flammarion, 1983, p. 65-66 : "Cet ordre est bien celui qu'a voulu l'auteur et (...) il correspond rigoureusement à l'évolution des sentiments de Mariane, en quoi consiste le véritable sujet de l'ouvrage." On ne voit pas pourquoi "l'auteur" (puisque on admet ici que les *Portugaises* sont une œuvre littéraire) aurait placé dans ces lettres des détails concrets, qui suggèrent une autre chronologie que celle qui ressort de l'ordre adopté.

Si les *Portugaises* ne furent pas adressées à Chamilly, on peut croire qu'elles furent écrites à plaisir. C'est une autre école. Nous avons vu que l'auteur des *Réponses* publiées par Barbin en 1669 se refuse d'abord à décider "si elles ont véritables ou supposées", avant, il est vrai, d'affirmer que peu de gens peuvent "douter qu'elles n'ayent esté veritablement écrites". Dans *La Promenade de Saint-Cloud* parue également en 1669, Guéret s'interroge : il fait dialoguer Oronte et Cléante : le premier s'étonne du succès des *Lettres portugaises*, et, ajoute-t-il, "je n'en vois point d'autres raisons, si ce n'est le charme de la nouveauté, et qu'on a pris plaisir de lire les lettres d'amour d'une religieuse, de quelque manière qu'elles fussent faites, sans considérer que ce titre est le jeu d'un libraire artificieux, qui ne cherche qu'à surprendre le public" ; Cléante est plus nuancé : "Que vous souciez-vous qu'elles soient véritables ou non, pourvu qu'elles soient bonnes ? (...) et seriez-vous homme à vouloir soutenir contre tous venants la fausseté des *Lettres portugaises* (...) ? Croyez-moi, prenons ce que l'on nous donne de quelque main qu'il vienne..." Guéret veut-il insinuer que ces héroïdes ne sont qu'un roman ? Pas exactement. Il doute seulement qu'elles aient été composées par une religieuse. C'est dans le titre qu'il croit reconnaître l'intervention d'un "libraire artificieux", pas dans l'œuvre elle-même. D'ailleurs Oronte ne prétend pas à l'objectivité : il se livre à un véritable éreintement des *Lettres portugaises :*

> "Dans les sentiments, à peine en trouverez-vous qui soient remarquables (...) il n'y a pas même de style ; la plupart des périodes y sont sans mesure ; et ce que j'y trouve de plus ennuyeux, ce sont les continuelles répé-

titions, qui rebattent ce qui méritoit à peine d'être dit une seule fois..."[31]

En 1685 paraît l'*Histoire du Temps ou Journal Galant* de Jean de Vanel, et les *Lettres portugaises*, dont le succès ne se dément pas, y donnent l'occasion à un épisode romanesque. L'aventureux La Violette, sous le nom de comte de Brion, paraît dans plusieurs cours d'Europe ; il séjourne quelque temps à Lisbonne avec l'ambassadeur de France, le marquis d'Oppede.

"Un jour étant à une comedie que le Prince regent faisoit representer dans son Palais pour divertir son excellence, il se trouva assis auprés d'une femme voilée, & en attendant que la piece commençat, lia conversation avec elle. Les dames, luy dit-il, sont bien-heureuses en Portugal de pouvoir aller par tout sans être connües. Ce privilege repartit l'inconnuë ne s'etend pas bien loing ; il nous est seulement permis de cacher nôtre visage ; mais les Cavaliers françois déguisent si bien leurs sentimens, que nous y sommes presque toujours trompées. Vous sçavez, reprit La Violette, bien mieux dissimuler que nous, & nôtre sexe est toujours la dupe du vôtre. Cependant repliqua la Dame voilée, s'il faut en croire les Lettres portugaises qu'on a fait imprimer a Paris, aprés les voir traduites en vôtre langue, nous sçavons bien mieux aimer que les hommes, & toute nôtre tendresse n'est payée que d'ingratitude. Ces Lettres, luy dit le faux Marchand, ne sont qu'un jeu d'esprit, & l'ouvrage d'un homme de la Cour de France, qui le fit par l'ordre d'une Princesse, & pour lui montrer comment pouvoit écrire une femme prévenue d'une forte passion.

31. *La Promenade de Saint-Cloud.*

> Mais... peux-tu parler ainsi ingrat, repartit l'inconnuë haussant la voix, toy qui as entre les mains les originaux de ces Lettres & qui ne peux oublier que je te les aye écrites à Paris, lorsque tu y retournas aprés la Paix des Pirennees ? (...) cette Religieuse que tu voyois tous les jours au premier voyage que tu fis à Lisbonne & à qui tu avois promis d'être fidele jusqu'au tombeau..."[32].

Les aventures de La Violette ne sont guère vraisemblables et n'y visent pas. Nous voyons mal comment la religieuse serait sortie de son couvent. Elle ne connaît pas bien l'histoire d'Espagne, puisqu'elle confond la paix des Pyrénées et le traité qui conclut en 1668 la guerre du Portugal. Les paroles du "faux marchand" peuvent toutefois nous instruire : il présente les *Lettres portugaises* comme "un jeu d'esprit" auquel un écrivain se serait appliqué sur l'ordre d'une princesse. Il est tentant de reconnaître dans cette princesse la belle-sœur de Louis XIV, Henriette d'Angleterre, qui eut tant d'influence sur les auteurs du temps. Certes, il ment, puisqu'il est lui-même le destinataire de ces épîtres et ne peut donc douter de leur authenticité. Mais est-il le seul à avoir présenté les choses de cette manière ? On peut supposer qu'on a beaucoup discuté à Paris de ces héroïdes et que certains se sont plu – par malice ? pour protéger la nonne amoureuse ou l'amant infidèle ? – à n'y voir qu'une gageure que la duchesse d'Orléans (ou quelque autre princesse-mécène) aurait suggérée... C'est toutefois le seul texte du dix-septième siècle où cette hypothèse est avancée. Ou faut-il ajouter le mystérieux auteur des *Analise, Critique, Reflexions et Remarques*, qui évoque en

32. *Histoire du temps ou Journal Galant*,s. l. s. d., p. 89.

1693 "les *Lettres portugaises* qu'on fit à plaisir il y a vingt-quatre ou vingt-cinq ans..." ?[33]

Il n'est pas trop difficile de conclure. C'est dans les éditions étrangères que Chamilly est nommé. Les Français sont en général plus réservés ; quand ils publient les *Portugaises*, ils affirment ignorer à qui elles furent adressées, et Vanel, après avoir suggéré qu'il ne fallait y voir qu'un "jeu d'esprit", imagine qu'elles ont été écrites pour son héros, le fantastique La Violette...Le parti-pris est évident. Les Hollandais et les Allemands sont heureux de rabaisser Chamilly et l'armée française. A Paris, au contraire, on a toutes les raisons de laisser dans l'ombre le destinataire de ces lettres ou de douter de leur authenticité ou d'imaginer n'importe quoi. Le seul ouvrage publié à Paris où Chamilly est clairement (et assez méchamment) incriminé, est *La Médaille curieuse,* et nous avons vu que ce livre contenait une relation fidèle ou à peu près fidèle de l'expédition à Candie. Rien d'ailleurs dans la biographie de Chamilly n'interdit de reconnaître en lui le séducteur de la religieuse, et les quelques détails précis que contiennent ces lettres, lui conviennent parfaitement.

33. Ms fds fr ; 25777, *Analise, Critique, Reflexions et Remarques sur differens livres qui composent la Bibliotheque de M. de N...*, t. I, p. 108. F.C. Green a cité la phrase relative aux *Portugaises*, mais il n'est pas inutile de considérer tout ce passage : l'auteur commente les *Lettres d'Heloïse a Abailard* publiées en 1693 : il y trouve "beaucoup de Raport avec les lettres Portugaises qu'on fit à plaisir il y a 24 ou 25 ans. C'est le mesme stile, les mesmes Phrases, la mesme cadence, la mesme Tendresse, cest toujours une Religieuse qui Escrit, cest toujours une amante qui se plaint et toujours la fille qui aime jusqu'a lexces." Il conclut "que cette Lettre soit vraye ou non (*note marginale* : "je ne crois pas qu'elle en est") (elle est) toute pernicieuse, et tout à fait dangereuse pour de Jeunes Gens."

Quel étrange roman ferait d'ailleurs ce recueil d'héroïdes ! On y rencontre quelques indications concrètes, mais elles ont comme brouillées ; on n'arrive même pas à savoir dans quel ordre il faut placer les épîtres. Le romancier a négligé la vraisemblance et a mal construit son œuvre. En fait, le charme des *Portugaises* ne réside absolument pas dans le scénario qu'elles dessinent, mais dans le détail de l'expression, dans le lyrisme qui fait de chaque lettre une suite de strophes élégiaques.

Si les *Portugaises* sont authentiques, elles auraient donc été adressées à Noël de Chamilly, et autant admettre, comme le veulent la tradition et toutes les vraisemblances, que Marianne Alcoforado, la nonne de Béja, en soit l'auteur. On connaît tous les arguments : Boissonade note en 1810 : “La religieuse qui a écrit ces lettres se nommait Marianne Alcaforada, religieuse à Béja, entre l'Estramadure et l'Andalousie”[34] ; Luciano Cardeiro a démontré que deux filles de Francisco da Costa Alcoforado furent nonnes au couvent de la Conception de Béja, et que l'aînée, baptisée le 22 avril 1640, s'appelait Mariana ; il est d'ailleurs établi que leur frère Balthasar, servait dans l'armée française. Toutes les indications concrètes contenues dans les lettres coïncident : dona Brites, que mentionne l'épistolière a réellement existé et a participé à la création du couvent en 1647 ; l'armée française a bien cantonné à Béja, puisque les habitants de la ville ont demandé en 1667 son éloignement ; il est bien vrai, comme le dit la

34. *Journal de l'Empire*, 5 janvier 1810.

religieuse, que de Béja on a vue sur une vaste plaine où est situé Mertola[35].

En ce cas, il convient, comme nous l'avons vu, de restructurer l'ensemble et surtout de chercher qui a pu faire la traduction, ou plutôt, puisque nous sommes au temps des "belles infidèles", l'adaptation...

35. Sur tous ces arguments consulter Maurice Paléologue, *op. cit.*, p. 7-32, Luis Cardim, *novos Documentos sobre as "Lettres Portugaises"*, Grafica do Porto, 1927, Manuel Ribeira, "Quen era a Dona Brites das Cartas da Freira Portuguese", dans *Anais das bibliotecas e Arquivos*, II, XIII, 1938, p. 77-79, Jean-de-la-Croix Bouton, "Le maréchal de Chamilly et le contexte historique des *Portugaises*", dans *Annales de Bourgogne*, XXXV, 1962, p. 89-120, Antonio Gonçalves Rodrigues, *Mariana Alcoforado, Historia e critica de une fraude literaria*, Coimbre, 1943.

GUILLERAGUES

Les éditions hollandaises et allemandes du dix-septième siècle, qui reconnaissent "le chevalier de Chamilly" comme destinataire des *Portugaises*, ajoutent : "Celuy qui en a fait la traduction est Guilleragues." Dans *L'Amour échapé* de Donneau de Vizé, publié à la fin 1669, Guilleragues est Philarque : il "a bonne mine, l'esprit vif, & est fort agreable en compagnie. il a beaucoup d'érudition, il fait très bien des vers, aussi bien que des Lettres amoureuses."[36] Le 28 octobre 1668 un privilège fut donné "pour cinq années pour un Livre intitulé les Valantins, lettres portugaises, Epigrammes et Madrigaux de Guileragues"[37].

Ce personnage est bien connu. Issu d'une famille de parlementaires de Guyenne, il fut avocat à Bordeaux, puis s'attacha durant la Fronde au prince de Conti, qui l'utilisa en juillet 1653 pour négocier sa soumission au roi, puis le prit comme secrétaire après la mort de Sarasin.

36. *L'Amour échapé*, Paris, T. Jolly, 1669 (privilège du 15 mai ; achevé d'imprimer du 12 novembre), t. I, p. 40. L'attribution à Donneau de Vizé avancée jadis par Georges Mongrédien est maintenant admise.

37. B.N. fds fr. 21945, f. 71 v°.

En 1658 il fut président, en 1660 premier président, de la Cour des Aides de Bordeaux. Dix ans plus tard, on le retrouve à Paris, où il achète le 21 octobre 1669 la charge de "secrétaire ordinaire de la chambre et du cabinet de Sa Majesté". C'était un bel esprit l'ami de Molière, de La Rochefoucauld, de Caderousse, de Segrais, de Boileau, qui lui dédia l'*Epître V* :

> "Esprit né pour la cour et maître en l'art de plaire,
> Guilleragues qui sais et parler et te taire..."

Il devait plus tard diriger la *Gazette* et y donner des textes, puis Mme de Maintenon le fit nommer ambassadeur à Constantinople, où il ne réussit pas mal. Il dépensait beaucoup, il faisait profession d'être plaisant et prodiguait les bons mots.

Rien n'empêche d'imaginer qu'il ait écrit les tendres *portugaises*, mais le privilège de 1668 ne va pas sans ambiguités. On peut croire que le génitif "de Guilleragues" ne complète que les "épigrammes et madrigaux", et même en admettant qu'il porte aussi sur les "Valentins" et les "lettres portugaises", cela ne prouve nullement que Guilleragues soit l'auteur – au sens moderne – de ces épîtres et qu'il les ait composées à plaisir. Il est très possible qu'il n'en soit que le traducteur, comme l'indiquent les éditions étrangères. Un traducteur est à même de demander un privilège comme un écrivain original, et la traduction au dix-septième siècle est un art : on peut dire que le traducteur "fait" des "lettres amoureuses", même s'il ne prétend que mettre en français des héroïdes écrites en portugais, et personne ne n'étonnera de le voir demander un privilège pour un tel ouvrage, comme s'il en était l'auteur.

Au point où nous en sommes de notre raisonnement, un scénario acceptable se dessine : lors de l'expédition française au Portugal, une religieuse de Béja est devenue la maîtresse du chevalier de Chamilly ; il est reparti en 1667 – peut-être avant juillet, peut-être vers l'automne – et pendant à peu près un an, elle lui a envoyé des lettres pleines de flamme, auxquelles il a irrégulièrement et froidement répondu ; il a montré ces textes à Guilleragues, qui les a mis en français, puis il a récupéré les originaux ; s'embarquant pour Candie le 20 septembre 1668, il emporte avec lui ces lettres si tendres, et le P. Chevigny sur le navire les lui arrache et les jette à la mer. Nous pouvons encore préciser : c'est au printemps ou à l'été 1666 que la religieuse a vu pour la première fois Chamily ; il l'a accablée de ses "assiduités" et de ses "transports" et elle s'est assez vite abandonnée toute à lui "sans ménagement"[38] ; leur liaison a duré près d'un an, puis il repart pour la France ; jusqu'en juin 1668 il la laisse sans nouvelles ; quand il répond, elle comprend qu'elle ne le reverra plus et en août 1668 elle lui adresse sa dernière lettre, qui consacre leur rupture définitive. Peut-être n'est-il pas indifférent à tant de passion, puisqu'il conserve sur lui ces épîtres jusqu'à ce que le P. Chavigny l'en dépouille. Ou n'est-il mû que par la vanité, qui l'a incité à les donner à traduire à Guilleragues ?

Ce recueil est dépourvu, nous l'avons dit, de la vraisemblance qu'aurait un roman, mais sous ce désordre et ces nuages se retrouvent des réalités précises, presque irrécusables... Ce n'est pas une fiction adroitement fice-

38. Ed. Deloffre-Rougeot, p 167 : lettre IV écrite peu après le départ de Chamilly.

lée que proposait Barbin à son public, mais un document rhabillé, "rapetassé", comme on disait alors, et parfois avec une extraordinaire désinvolture. Le réel perce malgré tout, alors qu'il n'apparaît aucune adresse dans l'enchaînement des lettres ni des thèmes. "Il n'y a pas même de style", affirmait Guéret[39]. Une composition maladroite, une élocution négligée et monotone... Le plus grand, peut-être le seul, mérite de l'œuvre réside dans l'incroyable sincérité qui résiste à tant de défauts.

Richelet dans *Les plus belles lettres françoises en toutes sortes de sujets* publiées en 1698[40] donne le texte des *Portugaises*, mais sans débattre de leur authenticité. En 1721 son ouvrage est réédité et complété par Bruzen de La Martinière, qui écrit :

> "Les Lettres d'une Religieuse portugaise sont des chefs d'œuvre. Quelques-uns ont trouvé à dire qu'elles soient si longues, mais comme dit le comte de Bussi, l'Amour est un grand recommenceur ; & ce qui justifie la prétendue Religieuse, c'est qu'écrivant à un amant fort éloigné d'elle & n'aiant pas souvent occasion de lui faire tenir de ses lettres, elle ne croit jamais avoir assez dit."[41]

Il semble que Bruzen a lu *La Promenade de Saint-Cloud :* il juge le style des lettres comme le jugeait Guéret, et comme lui, il paraît douter qu'une religieuse les ait écrites. En note il est plus précis : "On les attribue à Mr de Guilleragues, Secretaire du Cabinet du Roi", et il

39. *La Promenade de Saint-Cloud, loc. cit.*

40. Paris, M. Brunet.

41. *Les plus belles lettres* (...), Amsterdam, Frères Wetstein, 1721, t. I, p. XXIII.

consacre à Guilleragues une courte biographie, qui se termine par la même assertion : “On lui attribue les Lettres d’une Religieuse portugaise”[42]. C’est le premier texte imprimé où Guilleragues est “expressément désigné comme l’auteur”[43], et non le traducteur, des *Portugaises*. En est-ce assez pour détuire tout ce que nous avons échafaudé ? Ce n’est pas sûr : Bruzen paraît surtout s’attacher à voiler tout ce qu’il y a de scandaleux dans ce recueil ; Chamilly est devenu maréchal de France en 1702 : serait-il sage de remuer, même sans le nommer, ses aventures de jeunesse et de faire resouvenir de la liaison qu’il eut avec une nonne ? Pour tout arranger il suffit d’imaginer que la religieuse est “prétendue” et que le traducteur a été l’auteur.

42. *Ibid.*, p. 39.
43. Ed. Deloffre-Rougeot, p. 70.

SUBLIGNY

On peut suivre une autre piste... Jacques Bonnet est maintenant bien oublié. On sait seulement qu'il était trésorier du Parlement et qu'il vécut de 1644 à 1724. Il publia en 1715 une *Histoire de la Musique* sous le pseudonyme, si l'on peut dire, de "Bourdelot". Que vient faire ici le fameux médecin des Condé, mort en 1685 ?

Une note manuscrite de l'exemplaire de la Bibliothèque de l'Arsenal[44] peut nous éclairer :

> "Cette histoire est de Mr Bonnet qui avoit pris le nom de Bourdelot parce qu'il étoit neveu de l'abbé Bourdelot, et cet abbé n'étoit pas luy mesme Bourdelot & s'appelloit Michou, mais il étoit neveu du medecin Bourdelot lequel étoit attaché à la maison de Condé. L'abbé Michou Bourdelot étoit fils d'un chirurgien de Sens."

Tentons de démêler cette généalogie. Ils étaient deux frères, tous deux célibataires et sans descendance : Jean et Edme Bourdelot. Le premier fut avocat au parlement de Paris et maître de requêtes de Marie de Médicis ; il mourut en 1638, laissant des notes savantes sur des auteurs grecs, et singulièrement Héliodore et Lucien.

44. 8° S. 14417.

Edme fut l'un des médecins de Louis XIII et il se complut à des recherches d'étymologie et de philologie. Leur sœur Anne épousa Maximilien Michou, qui était chirurgien de la ville de Sens : c'est leur fils Pierre, le célèbre abbé Bourdelot, médecin de le reine Christine et du prince de Condé, président d'une académie savante, dont il nous reste les *Conversations* publiées par Le Gallois[45]. Sa sœur se maria avec un certain Bonnet. De cette union naquirent en 1644 Jacques, payeur des gages du parlement, et en 1655 Pierre, qui fut médecin ordinaire de Louis XIV et premier médecin de la duchesse de Bourgogne.

Pour écrire son *Histoire de la Musique*, Jacques Bonnet utilisa, nous dit-on, des notes laissées par son oncle, l'abbé Bourdelot et par son frère, Pierre Bonnet. Il s'attachait longuement à discuter le *Parallele des Italiens et des François* publié par l'abbé Raguenet. Il lui arrivait dans une digression de rencontrer *La Fausse Clelie*, un roman publié en 1670. Tous les héros se tutoient, notait-il, dans ce livre "fort naturel et fort gaillard". On l'avait parfois attribué au duc de Brancas, mais le véritable auteur était Subligny.

> "Il ecrivoit comme sa fille danse. Et il nous a laissé plusieurs autres Ouvrages, qui repondent au merite de la fausse Clelie. Les Lettres portugaises, telles qu'on les lit, sont de sa façon. Mr le Chevalier, aujourd'hui Mr le Maréchal de Chamilli, revenant du Portugal, lui en donna les Originaux que Subligni traduisit & augmenta à sa maniere. Les deux premiers Livres du Journal Amoureux de Me de Ville Dieu sont aussi de lui, & je

45. Paris, Thomas Moette, 1673.

> crois avoir oüi dire que, lorsqu'il mourut (assez jeune, par malheur) il travailloit à faire des Vies des Hommes illustres de la Cour de François premier & de ses successeurs qu'il tiroit de Brantôme, & des autres Memoires de ce temps-là."[46]

Ainsi donc les *Portugaises* seraient d'authentiques lettres d'amour adressées à Noël de Chamilly. Elles auraient été traduites en français et "augmentées" (il faudrait expliquer ce terme) par Subligny, et Guilleragues n'y aurait aucune part.

En fait, il existe toute une tradition pour reconnaître dans les *Portugaises* la main de Subligny. Sur l'exemplaire de la bibliothèque de l'Arsenal de l'édition Barbin de 1672 se trouve cette note manuscrite : "L'original de ces lettres ne nous est point parvenu. On en attribue la traduction à l'avocat *Subligny* ou à l'ambassadeur *Guilleragues*".[47] Dans la bibliothèque de M. A. Rochebilière se lisait sur un exemplaire de l'édition de Lyon de 1681 : "La première édition des *Lettres Portugaises* est de 1669. Elles furent écrites à M. de Chamilly dit alors le comte de S. Léger, par une religieuse portugaise. La traduction est de Guilleragues ou de Subligny. La religieuse se nomme Mariana Alcoforada, religieuse à Béja, entre l'Estramadure et l'Andalousie", et Anatole Claudin, le bibliographe, ajoute : "note manuscrite du temps sur la garde

46. Bourdelot, *Histoire de la Musique depuis son origine, les Progrès successifs de cet art jusqu'à present et la comparaison de la Musique italienne & de la Musique Françoise*, La Haye et Francfort, 1743 (1° éd. 1715), t. III, p. 62.

47. Arsenal 8° B. 31712.

de l'exemplaire."[48] Boissonade en 1810 note : "La traduction est de Guilleragues ou de Subligny."[49] Le plus précis, le plus péremptoire, demeure l'abbé Barthelémy Mercier de Saint-Léger. Ce serait selon lui une erreur d'attribuer cette traduction à "Guilleragues ou Cuillerague". Chamilly aurait remis les lettres à "l'avocat Subligny", qui les aurait mises en français, et l'érudit trace une brève biographie de Subligny : il critiqua *Andromaque*, puis donna quelques écrits en faveur de Racine, "avec qui il s'était raccommodé" ; il est l'auteur de *La Fausse Clelie ;* il fut avec Montplaisir "le directeur de la muse de Mme de la Suze, qui les a surpassés."[50] Ajoutons que le catalogue des imprimés de la Bibliothèque Nationale, à propos de l'édition Barbin de 1669, indique : "*Lettres portugaises* traduites en français (par Subligny)."

Cet homme est à la fois illustre et inconnu. Comme le disait déjà le *Moreri*, "on ignore les circonstances de sa vie ; il est auteur de quelques ouvrages qui lui ont acquis quelque réputation[51]. Le 18 juillet 1666, Adrien-Thomas Perdou, écuyer, sieur de Subligny – pour lui rendre toute son identité – fit baptiser une fille Marie-Thérèse, née de sa liaison avec la demoiselle Claude Bourgoin. La mère de Subligny, Elisabeth de Villars, était la marraine, et

48. Anatole Claudin, *Bibliographie des éditions originales d'auteurs français des XVI°, XVII° et XVIII° siècles réunies par M.A. Rochebilière*, Paris, Ed. de la chronique des Lettres Françaises, 1930, p. 255.

49. *Journal de l'Empire*, 5 janvier 1810.Voir *supra*.

50. *Lettres portugaises*, Paris, Delance, 1806 (1° éd. 1796), p. v-xx.

51. *Moreri*, article *Subligny*.

Martin Lucas, abbé de Restory, le parrain. Les deux jeunes gens attendirent près d'un an pour se marier : c'est le 5 juin 1667 que "Claude Bourgoin d'Ailly, fille de Jean Bourgoin et de Claude de Saucourt" s'unit à Saint-Eustache avec "Adrien Perdou, fils d'Adrien Perdou et d'Elisabeth de Villars". les témoins étaient fort obscurs : le suisse Claude Michou, et un prêtre Poussin de Laprée de Saint-Eustache ; deux bourgeois, Rémy Houzé et Vidal Desombes. C'était, comme on disait alors, la "réhabilitation" d'un mariage secret. Elisabeth de Villars, qui avait parrainé le baptême de Marie-Thérèse, ne semble pas avoir assisté à ces noces[52]...

En 1668 Subligny se dit à peu près aussi jeune que Racine[53]. On peut donc le croire né vers 1638 ou 1640. Le 22 août 1680, Claude Bourgoing (*sic*) se présente comme veuve de "Thomas Perdu sieur de Subligny" (*sic*)[54]. il mourut donc avant cette date. Il lui arrive de se présenter comme "un bon Picard qui appelle un chacun du nom qui luy est propre"[55], et il est vrai que dans sa famille et

52. Auguste Jal, *Dictionnaire critique de Biographie et d'Histoire*,Paris, Henri Plon, 1867, article *Subligny.*

53. *Préface* de *La Folle Querelle*, dans Parfaict, *Histoire du théâtre François*, Paris, Le Mercier et Saillant, 1747, t. X, p. 277, sv.

54. Archives Nationales, Y 239, f. 107 : "Catherine Perdu, demeurant rue et paroisse Saint-Germain l'Auxerrois : donation à Claude Bourgoing veuve de Thomas Perdu, sieur de Subligny, sa belle-sœur, demeurant rue Saint-Antoine, paroisse Saint-Paul, d'un 7è à elle appartenant dans le cinquième d'une maison sise à Amiens appelée la maison des Trois Maurcs, sise rue des Trois Cailloux, 22 août 1680".

55. *Preface* de *La Fausse Clelie, Histoire Françoise Galante et Comique*, édition nouvelle, Nymègue, Regnier Smetius, 1680 (1° éd. 1670).

dans celle de son épouse paraissent bien des noms picards : Villars, Ailly, Saucourt (qui doit être Soyecourt) ; sa veuve possédait d'ailleurs une partie d'une maison "sise à Amiens"[56], et on cite un Adrien Perdu, "avocat fiscal en la ville d'Amiens" en 1646, qui pourrait être son père[57].

Si son origine demeure malgré tout assez vague, son état n'est guère mieux connu. On l'a dit comédien et on l'a dit avocat. S'il avait été avocat, on comprend mal qu'il n'ait pas indiqué ce titre dans l'acte de mariage de Saint-Eustache. Il fut proche de Molière, et on imaginerait aisément qu'il ait joué – fût-ce peu de temps – à ses côtés, mais on ne le retrouve pas dans les listes de la troupe du Palais-Royal. Ou joua-t-il sous un faux nom ? Ce qui n'aurait rien d'extraordinaire. Ou fut-il plutôt comédien dans sa jeunesse et en province[58], puisqu'il faut attendre 1665 pour le voir sortir de l'ombre... ?

56. Voir note 54. il est vrai toutefois que la famille de Perdoux (ou Perdoulx) est originaire du Berry ou de l'Orléanais (*Pièces originales*, 2233 ; Ms fds fr. N. Acq. 2701), et s'il existe un Subligny près d'Avranches et un près de Sens, il en est un aussi qui est proche de Cosne, dans le canton de Vailly-sur-Saldre. Ajoutons, mais c'est sans doute inutile ici, qu'on cite un Jacques Le Marchand, seigneur de Giffeau et de Subligny, président en la cour des Aides de Normandie. Quant aux Bourgoin, la famille de sa femme, on en trouve dans le Nivernais et à Paris (*Dossiers bleus*, 124).

57. Ms. B.M. d'Amiens 465, 1646, Jean Cauchie, *Vie de S. Germain Scot* : Adrien Perdu est l'auteur d'une ode qui accompagne cet ouvrage. Le nom de Perdu se retrouve souvent dans les Archives de la Somme (listes des curés).

58. C'est ce qu'affirme le chevalier de Mouhy dans son *Abregé de l'histoire du Theatre François*, Paris, Chez l'auteur, L. Jorry, J.-G. Mérigot jeune, 1780, t. II, p. 331. Il l'appelle "Comédien de Province".

C'est, en effet, le 15 novembre 1665 qu'il obtint le privilège pour une gazette en vers à la manière de *La Muze Historique* de Loret : *La Muse de la Cour, Dediée aux Courtisans.* Chaque semaine, jusqu'au 25 janvier 1666 paraît une épître en vers, parfois gracieux, souvent faciles, où sont annoncées les nouvelles du jour : spectacles parisiens, petits et grands événements des cours d'Europe. Vient ensuite, mais c'est la même chose, *La Muse de Cour, Dediée à Monseigneur le Dauphin*, dite aussi *La Muse Dauphine*, qui parut de janvier 1666 à mars 1667. Subligny s'est mis sous la protection de la maréchale de La Mothe-Houdancourt et de sa fille, Charlotte de Toucy. Ce qui ne saurait nous surprendre, puisque la maréchale était la gouvernante du dauphin. Il est l'ami de Molière, dont il loue *Le Misanthrope* et *Le Médecin malgré lui* (baptisé *Médecin par force*) et l'admirateur de Corneille, qu'il retrouve dans *Attila :*

"C'est toujours luy par les beaux vers,
Et par la force sans pareille
De ses caracteres divers.
La pompe, le beau tour, les science profonde,
Accompagnent toujoiurs les sentimens qu'il a,
Et rien ne me déplut à son grand *Attila*,
Sinon que j'y vis trop de monde."[59]

On peut d'ailleurs remarquer qu'il revient souvent sur les événements du Portugal : mariage de la princesse d'Aumale et du roi[60], victoire du général espagnol Cara-

59. *La Muse Dauphine*, Paris, Barbin, 1667, p. 65 (10 mars 1667).
60. *Ibid.*, p. 57, 146, 166, 183 (8 juillet, 9 et 30 septembre, 7 octobre 1666).

cene en novembre 1666[61]. Cela n'implique pas forcément qu'il soit passionné par les événements du Portugal. Il faut au moins penser que Lisbonne est à la mode, que les Français s'y intéressent au temps de l'expédition de Schomberg et que Subligny n'est pas mal informé de ce qui s'y passe.

Le 12 mai 1668, Robinet annonce *La Folle Querelle*,

> "Une petite comedie,
> Aussi plaisante que hardie,
> Et qu'enfin la Troupe du Roy
> Donnera Vendredy, je croy.
> Comme on aime ce qui fait rire,
> Sur tout en Critique & Satyre,
> Dieu sçait comme en foule on ira."[62]

C'est le 18 que cette pièce en trois actes et en prose est créée par la troupe de Molière, et Subligny, qui l'a composée, se place sous le patronage de l'auteur de *Tartuffe*. Il voit en lui "le plus habile homme que la France ait encore eu en ce genre d'écrire", et affirme qu'il a "taché seulement" d'écrire cette comédie "de l'air dont Molière s'y seroit pris"[63]. Quand elle paraît en librairie, il la dédie à Marie[64] Mignot, qui avait épousé en 1653 le vieux maréchal de L'Hôpital. C'était une bien brillante union pour cette femme d'obscure naissance, qui était veuve d'un certain Pierre de Portes, trésorier et receveur géné-

61. *Ibid.*, p. 248 (21 novembre 1666).

62. James de Rothshild, *Les continuateurs de Loret,* Paris, Damascène Morgand, 1899, t. III, p. 192.

63. *Préface* de *La Folle Querelle*.

64. Ou plutôt, s'il faut en croire Auguste Jal (*op. cit., loc. cit.*), Françoise.

ral du Dauphiné. Ayant perdu L'Hôpital en 1660, elle devait faire encore mieux en décembre 1672, lorsqu'elle épousa Jean-Casimir, le roi de Pologne, qui mourut dix jours après les noces. Dans *L'Amour échapé* Donneau de Vizé, faisant parler le fils de Vénus, la peint en ces termes :

> "Spurnie est une des plus magnifiques, & des plus belles femmes de la Cour. son visage lui a valu cinquante mille écus de rente, & une des plus hautes dignitez de l'empire du grand Megistandre (Louis XIV, évidemment) (...) elle est hypocrite, puisqu'il y a plus de mes statuës d'or & d'argent dans ses chambres que dans tout le reste de mes Temples ; & que neantmoins elle ne m'adore pas : Elle a de l'esprit infiniment & du plus delicat, quoy qu'on lui en croye point tant, à cause de l'envie qu'on luy porte. Elle parle juste, elle aime les Vers, en fait quelquefois, chante bien, & a par dessus tant de belles qualitez, une sagesse qui me fait enrager."[65]

La Folle Querelle est une critique d'*Andromaque*, que Corneille aussi bien que Molière, a pu inspirer. Subligny prétendait admirer la tragédie, mais y remarquer des invraisemblances, parfois un manque de bienséance et des "expressions fausses" ou des "sens tronqués". Il prétendait d'ailleurs que le jeune Racine pouvait encore progresser et qu'en lui indiquant ses défauts il avait seulement voulu l'encourager à se perfectionner. C'est ce que disait aussi son complice Robinet :

> "... ce censeur
> Est toûjours un Homme d'honneur,

65. *L'amour échapé*, t. III, p. 45.

Car sa Critique ou bien satyre,
Loin qu'un Autheur elle dechire,
En le louant elle l'instruit."[66]

et, quand *Britannicus* sera créé, il prétendra que Racine a profité des remarques de "ce petit de Subligny" :

"C'est, je crois, grace à sa critique
Que l'on trouve en ce Dramatique
Un stile bien plus chastié,
Plus net & plus purifié."[67]

Assertion que reprendre Boileau dans l'*Epître VII, à Racine :*

"Et peut-être ta plume aux Censeurs de Pyrrhus
Dut les plus nobles traits dont tu peignis Burrhus."

En 1671, Subligny se retrouverait dans le camp de Racine, s'il produit une *Reponse a la Critique de Berenice* de l'abbé de Villars, mais cet opuscule a été également attribué à l'abbé de Saint-Ussans. Plus vraisemblablement lui donnera-t-on la *Dissertation sur les tragédies de Phèdre et d'Hippolyte* publiée en 1677. On y trouve un examen attentif de la pièce de Pradon et de celle de Racine : dans l'une on relève des "fautes de jugement", mais on peut reprocher à Racine d'avoir traité un "sujet incestueux", d'avoir montré un Thésée "trop crédule et trop imprudent" et d'avoir rendu Théramène insupportable par les conseils galants qu'il dispense à Hippolyte et par l'interminable récit du cinquième acte...

66. James de Rothshild, *op. cit.*, t. III, p. 251-252 (8 septembre 1668).

67. *Ibid.*, t. III, p. 1157 (21 décembre 1669).

Pour ces textes de critique Subligny collaborait avec Jean-Rémi Henault, le père du président. Celui-ci note en effet dans ses *Mémoires* que Jean-Rémi "était l'ami de Subligny avec lequel il composa des ouvrages assez médiocres. Il eut part (j'en suis fâché) à plusieurs mauvaises brochures qui parurent dans le temps contre les tragédies de Racine ; mais il faut le pardonner à ses liaisons avec les Corneille."[68] Jean Remi fut le secrétaire des commandements du duc de Berry ; il fut surtout un opulent fermier général et l'associé de Crozat ; on le retrouve dans les libelles où les partisans sont "démasqués"[69]. Admirateur de l'auteur du *Cid*, ami particulier de Fontenelle et de Thomas Corneille[70], il réussit à être également lié à Boileau et laissa une rente viagère de deux mille francs à Charles de Moncheux-Delosme, l'auteur du *Boloeana*.

La Folle Querelle eut vingt-cinq représentations, ce qui est honorable, et Subligny revint au théâtre deux ans plus tard. Il écrivit une comédie qui serait en trois actes et en vers, *Le Désespoir extravagant*, que la troupe de Molière créa le 1er août 1670. Elle fut alors jouée seize fois et reprise pour huit représentations en 1677-1679. Malgré son relatif succès, la pièce ne fut pas imprimée et le texte en est maintenant perdu.

68. *Mémoires*, p. p. le baron de Vigan, Paris, E. Dentu, 1855, p. 4.

69. *Nouvelle Ecole Publique des Finances, ou l'Art de voler sans ailes*, Seconde édition Corrigée & augmentée de deux parties, Cologne, Adrien l'Enclume, gendre de Pierre Marteau, 1708 : *Les Partisans demasquez*, p. 36.

70. Jusqu'à sa mort en 1738, il hébergea Mme de Marsilly, la fille de Thomas Corneille, qu'il avait accueillie, lorsqu'elle perdit son père.

La grande œuvre demeure *La Fausse Clelie* pour laquelle il obtint un privilège le 1er décembre 1669. Publié en 1670 à Paris, le roman fut réédité à Amsterdam en 1671 et en 1672, à Nimègue en 1680, ce qui indique un certain succès.

Le titre l'indique clairement : Subligny a songé à la *Clelie* de Madeleine de Scudéry, et il paraît avoir rêvé, à la manière de Sorel et de Furetière, d'un anti-roman dénonçant les méfaits du romanesque baroque sur les Madames Bovary de son siècle.Un peu plus tôt, sans doute vers 1666, Boileau a composé le *Dialogue des Heros de Roman*. La nouvelle génération s'affirme d'abord dans lc rcjet et la dérision de ce qui l'a précédée...

Nous sommes en 1666, et Juliette d'Arviane, fille d'un comte de Gascogne, est folle depuis six ans. Elle retrouve dans *Clelie* l'histoire de sa vie - naufrages, amours difficiles et contrariées, exil, tremblement de terre. Est-elle vraiment folle ? Après tout, sa vie pendant la Fronde et parmi les tribulations qui l'ont suivie, ressemble bien à celle de Clélie, et Subligny, au lieu de dénoncer le dangereux bovarysme des lectrices de Sapho, en arrive à souligner le réalisme de ces romans qu'on jugerait si féeriques et si convenus...

En tout cas, son intention est vite dépassée, et l'anti-roman devient un vrai et beau roman, que Bonnet jugera "fort naturel et fort gaillard"[71], et les frères Parfaict "amusant"[72]. Subligny a commencé, comme Donneau de Vizé,

71. *Histoire de la Musique*, t. III, p. 62.
72. *Histoire du théâtre*, t; X, p. 287.

par être journaliste, et comme Donneau de Vizé dans ses *Nouvelles Nouvelles*, il nous offre dans sa *Fausse Clelie* une gerbe d'histoires qu'on peut d'abord regarder comme des anecdotes variées, ou, si l'on préfère, des faits-divers amusants et singuliers. Il s'en explique dans sa *préface*. Il ne prétend que donner au lecteur "des Histoires". dans un style fort simple, car, dit-il, "j'ay écrit à peu près comme on pourroit parler sans étude & sans fard." Il lui arrive de s'égarer dans la géographie "des environs de Paris" et "dans l'ordre des temps". Mais il se moque de ces inadvertances. Il pousse en revanche le réalisme jusqu'à donner à ses héros des noms français et à remplacer Ariste et Climène par le marquis de Riberville et la dame de Laumer...

Histoires vraies (malgré quelques légères mutations) - langage simple – noms français – Subligny invente le réalisme, et il invente aussi la fiction la plus simple pour unifier la diversité des personnages et des actions. Quelques personnes sont réunies et, au fil de la conversation, elles se font conteuses, comme dans l'*Heptaméron*, comme dans le *Décaméron,* et les histoires qui se succèdent, sont d'abord des récits qu'elle s'offrent l'une à l'autre et qu'elles offrent au lecteur.

On a fait beaucoup d'honneur à Mme de Lafayette d'avoir rythmé les amours de la princesse de Clèves par l'évocation d'événements historiques, qui donnent la chronologie et concourent à la vraisemblance. C'est ce que fait déjà Subligny dans *La Fausse Clelie*. La guerre de Bordeaux en 1653, la prise de Marsal en 1663, la mort de la reine-mère en janvier 1666, les manœuvres de Trevers en juillet 1666, situent les épisodes dans le réel et aident à y croire. D'illustres figures du temps paraissent au fond des récits – la duc de Candale, le duc de Longueville, Soyecourt, Mme de Montauzier.

Subligny s'excuse dans sa *préface* auprès "des personnes dont le nom peut avoir quelque ressemblance avec ceux que j'ay inventez". Il y a des anagrammes transparentes : ainsi l'abbé de Ruper, qui est évidemment l'abbé de Pure, Lusigny qui ne peut être que Subligny lui-même. Vingster est sans doute possible le marquis William de Winchester, et, si Vingester épouse au dénoument Juliette d'Arviane, issue d'une veille famille de Gascogne, William de Winchester épousa Louise de Caumont de Monpouillant, sont le père, Armand, s'était, comme le père de Juliette, compromis avec Condé dans la Fronde bordelaise. Le chevalier de Montal semble porter son véritable nom : ce serait François de Montsaulvin, chevalier de Malte, le deuxième fils du fameux comte de Montal, qui combattit pour Condé après la Fronde ; le comte de La Suze, le mari de la poétesse, était aussi baron de Coulan, et c'est sous ce nom qu'il figure dans le roman ; on y rencontre un marquis de Franlieu, qui doit être le marquis Charles de Froulai de Tessé, originaire du Bas-Maine, dont Loret célèbre en avril 1656 le mariage avec Angélique de Beaudéan, la fille du comte de Neuillan ; le chevalier de la Grancourt pourrait être ce Grandcourt qui paraît le 6 octobre 1663 dans *La Muze Historique*. Il est à peine besoin d'une clef, car les noms réels sont respectés, ou à peine déformés...

Il s'agit assurément d'amuser et de surprendre le lecteur. L'Ange du Bizarre s'est penché sur l'auteur et l'a guidé. Ce sont les bizarreries du cœur féminin, qu'incarnent la bovaryste Juliette d'Arviane et Mme de Laumer, qui veut se persuader que Philippe d'Orléans l'aime. Ce sont les bizarres situations qui entraînent des hommes aussi perfides que le marquis de Riberville et La Grancourt, aussi sots que le comte de Tourneuil. Toutes ces bizarreries galantes pourraient faire songer aux *Lettres du Chevalier d'Her...* ou aux comédies de Marivaux. Mais Subligny aborde aussi le fantastique ou ses faux-semblants, comme le lutin d'Ansauviller, et il se peint lui-même en petit homme jaloux jusqu'à la fureur...

Tout cela est bel et bon. Un recueil d'anecdotes – un miroir des folies humaines. Allons-nous au-delà ? Passons-nous, ce qui demeure la question fondamentale, des faits-divers enfilés n'importe comment au vrai roman ? C'est à quoi devraient servir les devisants. Se devine-t-il, malgré les charmes de l'improvisation, une architecture, au moins une tension vers un certain ordre, qui permettrait de s'élever à l'art et à la rigueur à la sagesse ?

Subligny a tenu, en effet, à unifier l'œuvre et à en faire autre chose qu'une série de nouvelles. Les devisants ont leur personnalité ; ils sont à la fois les héros et les narrateurs des histoires. Il n'est aucune différence entre la manière dont l'auteur les présente et présente leurs aventures, et la manière dont ils présentent leurs personnages et leurs aventures. C'est ainsi qu'un “roman concertant”, selon les mots qu'on a appliqués aux *Illustres Françaises*, s'édifie sur cette discontinuité, qui, au lieu d'éparpiller la narration, en fait une hamonie aux tons variés, mais finalement concordants. Il faudrait analyser toute cette architecture, voir tous les effets d'échos, les retours, les reprises, les analogies, qui font de *La Fausse Clelie* une œuvre véritable, et pas seulement un recueil amusant.

Dans l'un des derniers épisodes du roman, Subligny, sous le masque, nous le savons, de Lusigny, se fait le maître en poésie de Mlle de Revenois, une rousse, sourde et bègue certes, mais d'une beauté achevée. Elle le trompe. Il leur arrive de se battre, et il la quitte pour aller à Paris s'éprendre "de deux grands yeux noirs"[73].

On dit, en effet, que Subligny fut avec Montplaisir le maître en poésie de Mme de la Suze, qui n'était ni sourde ni bègue. René de Bruc de Montplaisir était le frère de la fameuse Suzanne de Plessis-Bellière, la maîtresse de Foucquet, et de l'abbé Henri de Bellefontaine. On les retrouve tous trois dans *Clelie*. Mme de Plessis-Bellière y est Melinthe ; Henri Theomene vertueux, savant, "d'un esprit tres-penetrant et tres-solide" ; Montplaisir Lucilius, qui a montré de la vaillance à la guerre et a écrit "des vers dignes d'Homere & d'Hesiode", qui "ont de l'invention, de la force de genie, & une harmonie si charmante". Il a su composer des descriptions "si belles, si poëtiques, & si naturelles, qu'on voit tout ce qu'il represente."[74]

Dans *L'amour échapé* Montplaisir est simplement le "brave, spirituel honneste homme Cloreste"[75], mais Mme de La Suze obtient un éloge dithyrambique, l'un des plus longs de l'ouvrage. L'Amour la présente ainsi :

> "Elisene est d'une maison tres-illustre, de laquelle plusieurs Heros sont sortis. Elle porte sur son visage des marques de sa naissance : Elle a tres-bonne mine, & le teint fort beau : Elle a de grands yeux bleus, pleins d'une douce langueur : Elle a la bouche petite, la gorge belle, & les mains bien formées ; & l'on assure qu'elle

73. *La Fausse Clelie*, 1680, p. 305.
74. *Clelie*, t. X, p. 577-590.
75. *L'Amour échapé*, t. II, p. 52.

a les plus belles jambes du monde : Elle a un esprit au dessus de celuy des femmes ordinaires ; & si elle avoit moins de negligence, il y a peu de choses dont elle ne fust capable ; cela se connoist à la justesse de ce qu'elle dit dans les conversations, de quelque nature qu'elles puissent estre. Elle prefere tout ce qui me regarde aux autres affaires, & peu de personnes me connoissent mieux qu'elle. elle a fait des Elegies où se trouve tout ce que la passion peut inspirer dans les cœurs, & faire dire aux Amants les plus tendres, avec des expressions qui estoient inconnuës avant qu'elle se mélast d'écrire en Vers. Les paroles des plus beaux airs sortent de sa vaine. On n'a pas de peine à les connoistre d'avec les autres, & les moins delicats y trouvent une grande difference. Elle a fait encore d'autres Ouvrages qui ne cedent pas à ceux des anciens en leur nature, & qui surpassent de beaucoup ce que l'on a fait depuis quelque temps en ce genre. Elle a du courage & de la fermeté dans ses malheurs : Elle a une si grande paresse pour les affaires d'interest, qu'elle luy est quelquefois prejudiciable. Elle est bonne, elle aime ses amis ; & il est tres-aisé de vivre avec elle."[76]

Il est vrai que Corneille n'a droit dans cet ouvrage qu'à trois ou quatre lignes, que Saint-Pavin, Des Barreaux, Segrais, Ysarn, Pellisson, Boyer, Mme Deshoulières ne sont pas mal traités, et que Boileau, Racine, La Fontaine (et d'ailleurs Subligny[77]) sont oubliés. Ce qui suppose une étrange partialité et suffirait à conforter l'attribution du

76. *Ibid.*, t. II, p. 38-41.

77. Dans l'index on cite *Caliclée, 2 du nom*, en qui il faudrait reconnaître "Mademoiselle de Subligny", mais nous n'avons pu retrouver ce personnage dans le roman.

livre à Donneau de Vizé (et non, comme on l'a parfois avancé, à Angélique Petit).

Montplaisir et Subligny eurent donc un rôle de pédagogue auprès de l'aventureuse Henriette de Coligny. On tenta au dix-huitième siècle de préciser leur rôle :

> "Pour Subligny, c'etoit sans contredit un écrivain ingenieux, mais sa Prose est languissante, & ce que j'ai vu de ses Vers n'annonce rien moins qu'un Poète. Il avoit du goût & ses critiques pouvoient être utiles à la Comtesse de la Suze : mais c'est principalement à Montplaisir, qu'elle dut le perfectionnement de ses talents."[78]

Ou mieux :

> "Quoique née avec un genie si puissant pour la Poësie, Madame de la Suze ne pût jamais *enchaîner* la rime. Elle digeroit ses pensées ; elle les exprimoit poëtiquement, mais pour les rimer, il falloit qu'elle employât un secours étranger. Elle s'adressa donc tantôt à M. de Montplaisir, l'objet de plusieurs de ses Elegies, & tantôt à M. de Subligny, à qui on attribuë la vie de Henriette Silvie de Moliere."[79]

Cela nous ramène encore à Boileau. Le satiriste méprise la poésie coquette et les colifichets à la mode. il reconnaît en revanche aux "Elegies de Voiture, de Sarrazin et de la Comtesse de la Suze (...) un agrément

78. Lalanne et Montplaisir, *Poesies*, Amsterdam et Paris, P.A. Leprieur, 1759, *Avertissement* (par H. Lefebre de Saint-Marc).

79. *Recueil de pieces galantes en prose et en vers, de Mme la Comtesse de La Suze et de Monsieur Pellisson,* Nouvelle Edition, Trevoux, Pour la compagnie, 1741, *Preface.*

infini"[80], et dans le deuxième chant de l'*Art poétique* il s'explique sur

> "La plaintive Elegie en longs habits de deuil" :
> "C'est peu d'estre Poëte, il faut estre amoureux.
> Je hais ces vains auteurs, dont la Muse forcée
> M'entretient de ses feux toujours froids et glacés".

Comment l'ont montré Tibulle et "le tendre Ovide",

> "Il faut que le cœur seul parle dans l'Elegie."[81]

Ce n'est pas tellement facile de laisser parler son cœur. Mme de la Suze eut sans doute des maitres. En tout cas, elle fit des progrès. Tallemant note, en effet, que cette fille, "qui paroissoit stupide en son enfance, et qui en conversation ne ne disoit presque rien, il n'y a pas trop long-temps encore, fit des vers dez qu'elle fut en Escosse ; elle en laissa voir dez qu'elle fut revenue qui n'estoient bons qu'à bruler. Depuis elle a fait des elegies les plus tendres et les plus amoureuses du monde qui courent partout."[82]

80. Boileau, *Œuvres complètes*, p. p. Antoine Adam et Françoiise Escal, Paris, Gallimard ("La Pléiade"), 1966, p. 572.

81. *Ibid.*, p. 164.

82. *Historiettes*, p. p. Antoine Adam, Paris, Gallimard ("La Pléiade"), 1961, t. II, p. 108.

SUBLIGNY ET MME DE VILLEDIEU

On sait qu'en 1666 Mme de Villedieu, dans une lettre à Gourville, défendit les satires de Boileau[83]. Le nom de Subligny a souvent été associé à celui de la romancière. Nous avons vu qu'on lui attribuait "les deux premiers livres" du *Journal Amoureux*. Ce n'est pas tout à fait ce que nous dit Mme de Villedieu :

> "Je declare n'avoir aucune part à la troisiéme et quatriéme parties du *Journal Amoureux*". elle ajoute : "un manuscrit de la premiere m'estant tombé entre les mains (...) Je m'advisay d'y chercher un plan (...) Je narrai les incidents à ma maniere : j'en disposay l'ordre : je convertis quelques recits en action, & quelques actions en recit : je mis en vers la fable d'Acteon, qui n'estoit qu'une pensée de quatre lignes de prose, & je la preparay par la conversation de la galerie (...) La seconde partie est toute de moy, & je n'ay pû refuser aux instances de mon Libraire, de faire la cinq & la six que je donne aujourd'huy au Public."

La romancière insiste :

> "Pour eviter toutes meprises à l'avenir, je mets à la fin de ces deux Tomes un Catalogue que j'ay composez,

83. *Ibid.*, p. 898.

> il est fidele jusques à la fin d'Avril de l'année 1671, & je proteste n'avoir jamais fait imprimer que les livres, dont il fait mention."[84]

Ainsi donc Mme de Villedieu aurait composé la deuxième, la cinquième et la sixième parties du *Journal Amoureux*, et récrit la première, dont un brouillon (rédigé par qui ?) lui serait tombé entre les mains. Restent la troisième et la quatrième dont elle ne dit rien. Faut-il pour tout concilier les attribuer à Subligny, ainsi que la première version du premier tome ? Cela reste assurément incertain et, semble-t-il, arbitraire...

Le roman se situe sous le règne d'Henri II, et on y rencontre maintes grandes figures de Brantôme, ce qui pourrait confirmer les assertions de Jacques Bonnet... Ce Brantôme qui nourrit les intrigues de *La Princesse de Montpensier* et de *La Princesse de Clèves*. Mais l'histoire est ici traitée avec bien plus de désinvolture que dans les œuvres de Mme de Lafayette. Dans l'*Avertissement* l'auteur, qui connaît fort bien le XVI° siècle, révèle lui-même ses inventions :

> "Les noms connus ne sont qu'une couleur affectée, pour rendre la fable plus agreable (...) (Marguerite de Valois) n'avoit que neuf ou dix ans lors que la Cour alla au voyage (...) Les gens qui sçavent un peu l'histoire n'ignorent pas que Monsieur d'Aumale & l'Admiral de Chastillon estoient à Paris en ce temps-là, & se trouvoient rarement ensemble à la Cour, & ceux qui ont penetré les secrets de l'histoire conoistront bien que la fable du Cardinal d'Armagnac est plûtost une ironie

84. *Le Journal Amoureux*, Paris, Claude Barbin, 1671, t. V, *Au Lecteur.* Le catalogue se trouve au tome VI.

> delicate de ses defauts, qu'un reproche de sa galanterie (...)Il n'y a rien de vray dans cet Ouvrage que la protestation que je luy fais qu'il est un mensonge."[85]

Cette érudition et cette désinvolture conviennent assez bien l'une et l'autre à Subligny. Il aurait voulu faire tout autre chose que dans *La Fausse Clelie*. Au lieu d'un roman d'actualité, d'un roman réaliste, que rythment de grands événements du temps, il aurait voulu composer une "fable", donner "une histoire faite à plaisir", quitte à froisser la chronologie et à défigurer la vérité historique... Précurseur dans *La Fausse Clelie* de *L'Education sentimentale* ou de *Nana*, il annoncerait ici *Notre-Dame de Paris* et tous ces romanciers du XIX° siècle, qui se sont permis de "violer l'histoire, à condition de lui faire un enfant"...

Nous nous garderons bien de proposer une solution précise et nous nous en garderons d'autant plus qu'il existe deux livres de Mme de Villedieu qui s'intitulent *Journal Amoureux*. Celui dont nous venons de parler - que l'on baptise *Journal Amoureux* tout simplement, ou *Journal amoureux de France*, et un autre qui parut en 1697, *Le Journal Amoureux d'Espagne*. Comprenant quatre parties, on peut lui appliquer l'indication de Jacques Bonnet. L'ouvrage est construit comme le *Journal Amoureux de France* : on nous conte sous le règne de Philippe II, sans s'appliquer à une sérieuse exactitude historique, des intrigues de cour et des intrigues galantes. Ce que nous avons dit du *Journal Amoureux de France* et de la part qu'y avait Subligny, convient donc à ce livre.

85. *Ibid., Avertissement au Lecteur.*

Mais il est bien moins connu, il n'est pas accompagné d'un texte liminaire, où se retrouverait la patte de l'auteur de *La Fausse Clelie*, et surtout, quand un critique parle du *Journal Amoureux* de Mme de Villedieu, il pense toujours au *Journal amoureux de France*. Notons enfin qu'elle n'est peut-être pour rien dans *Le Journal amoureux d'Espagne*, qui a été parfois attribué à Mme de Lafayette ou à Mlle de La Roche-Guilhem...

Pour démêler tous ces problèmes il faudrait connaître les rapports de Subligny avec Mme de Villedieu. On imaginera qu'il fut son ami, puisqu'on lui attribue aussi les *Memoires d'Henriette Silvie de Moliere*, qui parurent sous le nom de la romancière[86]. En tout cas, ce livre est bien plus proche de *La Fausse Clelie* que l'un ou l'autre *Journal Amoureux*. Au début, le *Fragment d'une Lettre*, où l'on croit reconnaître le ton de Subligny :

> "J'amene avec moi une belle Dame que vous connoissez & qui me menace de me faire aller bien plus loin : Elle a une étrange demangeaison de se revoir à Paris, mais (...) mes affaires me rappelleront bien-tôt à Toulouse. Je ne vais pas ainsi dans une Ville où j'ai eu la folie de consentir qu'on me fît imprimer".

Le libraire lui demande une préface, mais

> "je n'ai plus rien à dire aux Lecteurs (...) Je finis car on m'attend pour déjeûner : Adieu Monsieur."[87]

86. *Recueil de pieces galantes, Preface*, et plus précisément Chevalier de Mouhy, *Abregé de l'histoire du Théâtre François*, t. II, p. 331 : "Ce qui ne paroît pas douteux, c'est que ce comédien est l'Auteur du Roman de *la Vie d'Henriette Silvie de Moliere*, que presque tout le monde attribue à Madame de *Ville-Dieu*, quoi qu'elle n'y ait eu aucune part."

87. Mme de Villedieu, *Œuvres*, Paris, Pierre Gandouin, 1741, t. VII, *Fragment d'une Lettre*.

Henriette-Silvie de Moliere prend ensuite la parole et nous narre ses aventures. Née en juillet 1647 près de Montpellier, élevée par une paysanne, protégée par le duc de Candale, qui donne de l'argent pour son éducation, adoptée par un financier de Pézenas, qui tente de la violer, aimée du comte d'Englesac, mariée à Bruxelles avec le vieux Gonzales de Menéze, tyrannisée par son mari, à qui elle parvient à échapper, elle se travestit en prince de Salms, paraît à Versailles au moment des *Fêtes de l'île enchantée*, rencontre le vrai prince de Salms, Mme de Montauzier, le duc et la duchesse de Sully, Lionne, Des Barreaux, la comtesse de la Suze, qui est gravement malade, Marigny, Don Juan d'Autriche, elle écoute l'histoire du comte de Tavannes. Après avoir été l'épouse puis la veuve du cher Englesac, elle semble trouver la paix dans un couvent... Une sorte de roman picaresque, dont le héros est une femme. Comme dans *La Fausse Clelie*, tout ou presque tout semble réel, et des figures du temps – plus ou moins illustres - paraissent dans la fiction. L'auteur s'en explique : "Si je n'ai pû me dispenser d'y parler de quelques personnes vivantes, je crois qu'il n'y en a pas une, qui en un besoin, ne me pardonnât la lberté que j'ai prise, & à tout événement je serai le garant de l'Ouvrage de ce côté-là"[88]. Et de même aussi que dans *La Fausse Clelie*, la chronologie est donnée par des événements que tous connaissent : en 1657 la mort de Candale, en 1659 le voyage du roi et de la cour en Avignon et jusqu'à la Bidassoa, le mariage du roi en juin 1660, la création des *Fâcheux* en juin 1661, la disgrâce de Foucquet en septembre 1661, les *Fêtes de l'île enchantée* en 1664,

88. *Ibid., loc. cit.*

les manœuvres de Trevers en juillet 1666, le siège de Douai en juillet 1667, le siège de Lille en août 1667, la mort de Lionne le 1er septembre 1671[89]...

Dans les deux romans paraissent le duc de Candale, Mme de Montauzier et le camp de Trevers. Dans le premier tome de ces *Memoires* on lit une élégie de Mme de la Suze. Ainsi toutes les œuvres que Subligny a écrites ou qui lui furent attribuées, se retrouvent dans cet ouvrage fort divertissant, aussi badin et aussi entraînant que *La Fausse Clelie*. Un vrai roman, puisqu'autour de la protagoniste vient s'incrire toute l'histoire du temps – des fêtes de Versailles aux guerres et aux troubles des Pays-Bas...

Comme on sait que Mme de Villedieu voyagea en Belgique et dans les Provinces-Unies, on serait tenté de lui laisser ce livre. Mais il reste tout ce qui le rapproche des œuvres de Subligny. Ou faut-il supposer, ce qui n'a rien d'invraisemblable, mais pourrait paraître un peu facile, une collaboration comme dans *Le Journal Amoureux* ?

La narratrice prétend s'adresser à une Altesse, qui l'a incitée à se justifier de toutes les accusations dont on l'a salie. Serait-ce la duchesse de Nemours, à qui Mme de Villedieu avait offert *Cléonice ?* En fait, cette Altesse, qui a des possessions dans des pays étrangers et qui chérit Bensserade[90], n'a pas de traits assez précis pour être identifiée à coup sûr. Pourquoi pas Anne de Coligny, la sœur de la comtesse de la Suze, qui était duchesse de Würtemberg ? Ou l'illustre Isabelle de Montmorency, la

89. *Œuvres*, t. VII, p. 23, 36-40, 52, 89, 92, 93-97, 107, 194, 247, 287.

90. *Ibid.*, t. VII, p. 101.

belle-sœur de Mme de la Suze, qui fut duchesse de Châtillon, puis duchesse de Mecklembourg ?

Dans *La Fausse Clelie*, lorsque le régiment du chevalier de Montal quitte Toul, Mme de Laumer "pleura comme une fille, l'eloignement (de cet) (...) homme. Elle ecrivit vingt Lettres les plus tendres du monde"[91], car, dit-elle, "on écrit quand on aime beaucoup & que cet amour n'ayant qu'un but legitime, ne contraint point les desirs du cœur". Soit "une copie de lettre dont je parle", et on y retrouve le rythme entrecoupé et les lamentations élégiaques des épîtres portugaises :

> "Que vous estes cruel, avec vos regards & vos soupçons ; n'avez-vous point d'autre moyen pour vous faire dire que je vous aime, qu'en m'accusant de ne vous aimer pas ? Helas ! regardez mes yeux, tout le monde y voit ma passion ; estes vous le seul homme qui ne l'y sçauroit decouvrir ? Cela seroit bien terrible : car il n'y en a pour personne du monde que pour vous. Non, mon cher comte, il n'y a que vostre venuë qui me donne ces transports de joye dont je ne suis pas la Maîtresse ; il n'y a que vôtre absence qui ayt le pouvoir de me rendre chagrine ; vous estes l'unique charme de mon cœur, & toutes mes actions vous en asseurent ; Je tasche à les démentir avec les gens indifferens, & ils ne laissent pas de les croire ; je les avoüe de tout avec vous, & vous doutez encore que vous soyez ardemment aimé de vostre Silvie"[92]

Ce n'est pas, on le voit, le style alambiqué jusqu'à la caricature des sept épîtres qui furent ajoutées au premier

91. *La Fausse Clelie*, p. 35.
92. *Œuvres*, t. VII, p. 30.

recueil. On retrouve "la passion toute pure" et les rythmes ovidiens des cinq premières héroïdes.

Il est vrai que Mme de Villedieu publia en 1668 des *Lettres et billets galants* qu'on a souvent rapprochés des *Portugaises*, car la situation, le ton, les sentiments dont fort comparables. Ce seraient des billets authentiques que Catherine Desjardins aurait adressés à l'infidèle Villedieu, et celui-ci, succombant comme Chamilly à la vanité les aurait montrés puis donnés au libraire Barbin. Personne n'a jamais pensé que Mme de Villedieu fût l'auteur des *Portugaises*, mais, on le voit, le topos de l'amante abandonnée ou trahie s'impose alors ; il circule dans ces fausses ou vraies épîtres, dans les tragédies de Racine et dans les romans. Est-ce un regain de la gloire d'Ovide, sont-ce les lamentations et les fureurs d'Hermione, qui ont ranimé le genre ? Fiction et réalité se mêlent inextricablement. La réalité va vers l'art, ou peut-être l'imite. Existe-t-il des sentiments sincères ? Les mensonges disent vrai et les cris deviennent vite du bel canto..

SUBLIGNY ET CHALLE

En 1710 *La Fausse Clelie* fut rééditée. Aucun auteur n'était indiqué, et le roman était baptisé *Histoires Françoises, Galantes et Comiques*[93]. Les bibliographes ne reconnurent pas toujours l'œuvre de Subligny et attribuèrent parfois le livre à Robert Challe. Peut-être en le confondant avec *Les Illustres Françaises*[94].

C'est également sous l'anonymat que ce roman fut publié en 1713 et il fallut longtemps pour le donner à Challe. Il fallut attendre l'édition donnée à Amsterdam par Marc Michel Rey en 1748. On y lit une longue préface de Prosper Marchand, qui en reprit l'essentiel pour l'article *Challe* de son *Dictionnaire Historique ou Memoires Critiques et Littéraires*, qu'on publia en 1758[95].

93. Amsterdam, Etienne Roger.

94. Antoine-Alexandre Barbier, *Dictionnaire des Ouvrages Anonymes*, 3° éd. revue et augmentée par Olivier Barbier, René et Paul Billard, Paris, Paul Daffis, 1874, t. II, p. 844.

95. Après sa mort. Ed. La Haye, Pierre de Hondt, voir t. I, p. 182-186. On convient que cet ouvrage, peut-être en partie à cause de ses conditions de publication, n'est pas toujours sûr.

Pourquoi cette attribution, qui fit autorité[96] et fut par tous acceptée ? Prosper Marchand s'appuie sur un seul témoignage, celui de Challe lui-même. il semble l'avoir connu. Il le dépeint comme un "genie volage et dissipé", un "enfant de Bacchus" au "caractere violent & caustique", mais "fort aimable homme"[97]. Où Challe a-t-il revendiqué ce roman, qu'il aurait laissé paraître sous l'anonymat ? Dans sa correspondance avec le *Journal Littéraire* de La Haye de 1713-1715.

Cette feuille avait donné dans le numéro de mai-juin 1713 une longue recension des *Illustres Françaises*[98]. Le livre y était jugé "fort bien de son espéce". Quelques réserves sur le style, qui pêche "quelquefois contre l'exactitude & la noble simplicité du stile familier". Les journalistes déplorent surtout que "l'Auteur ait répandu quelques idées de superstition qui peuvent en imposer à la foiblesse de plusieurs personnes ; tel est ce qu'il dit (...) des secrets de *Galouin* pour se faire aimer des Femmes, & de la prédiction qu'on avoit faite de la mort de cet homme."[99]

C'est seulement le 30 décembre que Challe réagit. A cette date il envoya une lettre au *Journal Littéraire*. Il se défendait d'être trop superstitieux et affirmait croire "au

96. On pourrait s'en étonner. Dans la grande *Biographie* de Firmin Didot, Paris, 1863, on trouve ce jugement : "Ce dictionnaire qui fait suite à celui de Bayle, renferme beaucoup de faits intéressants ; mais il y a trop de détails inutiles ; le style en est incorrect, et l'on y a relevé un grand nombre d'erreurs et de fautes d'impression."

97. *Dictionnaire*, t. I, p. 182.

98. *Journal Littéraire*, t. I, p. 61-68.

99. *Ibid.*, p. 68.

secret pour se faire aimer"[100]. Dans la lettre suivante – du 22 janvier 1714 – il protestait du réalisme des *Illustres Françaises*, affirmant à nouveau qu'"on voit souvent des effets qui passent la nature"[101] et donnant quelques détails précis sur ses personnages, ou du moins sur ceux qui furent leurs modèles, telle "Mme de Contamine", qui "est encore en vie"[102]. Il en venait ensuite à d'autres sujets, tentant en particulier d'obtenir la publication de *Tablettes chronologiques*, qu'il aurait longuement et méticuleusement composées.

Prosper Marchand analyse le roman. La structure choisie – les devisants dont les récits se succèdent – lui paraît le fruit d'une tradition. Il évoque les *Nouvelles françoises* de Segrais, qu'il juge "trop romanesques", *La Fausse Clelie* de Subligny et l'anonyme *Academie galante*, auxquelles il reconnaît plus de valeur. *L'Academie galante* était parue en 1682[103]. Dans la préface on y affirmait :

> "L'Academie Galante est réelle, & les Portraits des Academiciens sont tirez d'apres nature. Il n'y a pas un mot changé dans les statuts. Pour les Aventures que l'on conte, je ne vous les garantis pas entierement veritables, car je serois fort fâché de rien avancer dont je ne fusse bien sûr, mais je vous les garantis telles qu'elles ont été contées."

C'est ainsi que trois jeunes filles – Mlles d'Ormilly, de Mirac, de Turé – et quatre cavaliers – le chevalier de

100. *Mémoires, correspondance complète*, p. p. Frédéric Deloffre, avec la collaboration de Jacques Popin, Paris, Droz, 1996, p. 458.

101. *Ibid.*, p. 475.

102. *Ibid.*, p. 470-475.

103. Paris, C. Blageart.

Pontignan, le comte d'Albagna, qui vient d'Italie, Treval et le marquis d'Ormilly – se réunissent et fondent une académie, dont ils élaborent les statuts. Viennent ensuite les histoires qu'ils content et les commentaires qu'ils échangent entre les récits.

On rapprocherait volontiers cet ouvrage de l'*Histoire du Temps ou Journal Galant* de Vanel, que nous avons déjà évoquée. Les devisants y portent, comme chez Segrais, des noms de pastorale – Cleante, Timagène, Gelasie, Sofronie. Mais leur hôte – le comte de Canoles – et les héros des histoires – La Violette, Mme de Keroüec, le baron de Merargues, Mme de la Beliniere – ne cachent pas qu'ils sont des Français du temps. Entre les récits les devisants reparaissent et s'entretiennent. Parfois leurs contes sont interrompus par d'autres contes puis reprennent[104]...

Lenglet-Dufresnoy, qui en général n'est pas trop sévère, juge *L'Academie Galante* "assez mediocre"[105] et, sans nommer l'*Histoire du Temps*, il affirme que Vanel s'est fait connaître par "beaucoup de mauvais Ouvrages"[106].

En fait, au *Journal du Temps*, comme à *L'Academie galante*, manquent à la fois le réalisme et l'enjouement qui font les charmes de *La Fausse Clelie* et des *Illustres Françaises*. La physionomie des devisants demeure assez floue et dans leurs récits la convention et la fantaisie ont trop de place.

104. *Histoire du Temps ou Journal Galant*, p. 52-98.

105. *De l'Usage des Romans*, Amsterdam, Vve de Poilras, 1734, t. II, p. 147.

106. *Ibid.*, t. II, p. 74 et 86.

Les rapports de *La Fausse Clelie* et des *Illustres Françaises* sont bien plus étroits. Ici et là tous les personnages – devisants ou autres – ont des noms français et dans la préface des *Illustres Françaises* on s'en explique à peu près comme s'en expliquait Subligny : "J'ai cru les leur donner français, parce qu'en effet ce sont des Français que je produis & non pas des étrangers." Les deux romanciers se sont permis, ils le reconnaissent, de modifier les lieux et le temps. "J'y paroitray quelquefois un mauvais Geographe des environs de Paris, & un plus mauvais chroniqueur pour l'ordre des temps", avoue Subligny. "On trouvera peut-être dans la conduite de tout le roman je ne sais quels petits fondements negligés", affirme l'auteur des *Illustres Françaises*, qui ajoute : "Quoy que je pose la scène de toutes les histoires à Paris, elles ne s'y sont pas toutes passées, les provinces m'en ont fourni la plûpart" et "J'ay fait exprès des fautes d'anachronisme". Enfin ils présentent dans des termes presque identiques le style qu'ils ont choisi : "J'ay écrit à peu près comme on pourroit parler sans etude & sans fard", dit l'un ; "J'ay ecrit comme j'aurais parlé à mes amis, dit l'autre, dans un stile purement naturel & familier."

Dans *Les Illustres Françaises*, comme dans *La Fausse Clelie*, l'histoire contemporaine donne la chronologie : le combat de Charenton en 1649, le siège de Valenciennes en 1656, le combat du Raab en 1664, un air de Lambert qui date de 1665, la mission du cardinal de Retz à Rome en 1667 (ou en 1670 ?), la fin de la guerre du Portugal en 1668, l'expédition de Candie en 1669, la construction du quai Le Peletier en 1675, et, ce qui crée un anachonisme, la *Proserpine* de Lully, créée en 1680[107].

107. Ed. Deloffre, Paris, Les Belles-Lettres, 1967, t. I, p. 13, t. II, p. 281, t. I, p. 173, t. II, p. 346, t. II, p. 262, t. I, p. 1.

Le duc de *Ledune,* qui figurait dans *La Fausse Clelie*, reparaît ici[108], et peut-être faut-il, selon une assonance et une anagramme approximatives, reconnaître en lui Maximilien de Béthune, duc de Sully, qui jouait son rôle, avec son épouse Marie-Antoinette Servien, dans les *Memoires d'Henriette Silvie.* Dans sa correspondance avec le *Journal Litteraire* Challe reprend (avec quelle arrière-pensée, quelle intention exactement ?) les deux vers de Boileau que Subligny avait placés au début de sa préface :

> "Un auteur à genoux dans une humble préface
> Au Lecteur qu'il ennuye a beau demander grace"[109].

Voilà bien des analogies – pour ne pas dire plus. Les deux écrivains paraissent se confondre[110]. N'a-t-on pas quelquefois attribué à Challe les *Histoires Françaises*, c'est-à-dire *La Fausse Clelie*, ce qui est proprement absurde ? Ne serait-il pas plus vraisemblable d'attribuer à Subligny *Les Illustres Françaises ?*

Cette thèse – pour paradoxale qu'elle soit – peut se soutenir. Au début du dix-huitième siècle la littérature ne se vend pas mal et devient une activité lucrative. Comme la propriété littéraire n'est pas bien définie, il est tentant pour peu qu'on soit dépourvu de scrupule, d'exhumer et de republier des ouvrages anciens. Publications qui demeurent anonymes afin d'éviter les ennuis...

Dans *Les Illustres Françaises* se retrouve la France des années 1660-1675. On ne voit pas pourquoi Challe vers

108. *Ibid.*, t. II, p. 416.

109. *Memoires* , *Correspondance complète,* p. 466.

110. Seul dans la critique moderne, Jacques Popin, dans *Poétique des "Illustres françaises"*, Mont-de-Marsan, Editions Interuniversitaires, 1992, a souligné les affinités de Subligny et de Challe.

1710 se tournerait ainsi vers cette époque. On voit encore moins comment il aurait pu en être si bien instruit : il était né en 1659. On évoque dans *Les Illustres Françaises* la “Maison qui appartenait au Chancelier de Monsieur”[111]. Il s’agit évidemment de la maison de Jean de Choisy, chancelier de Gaston d’Orléans, qui mourut en 1660. On a cherché des clefs. Contamine serait Charles Duret de Chevry, qui devint président à mortier du parlement de Metz. Sa mère était la fille d’un partisan “puissamment riche”. En 1667, quand il voulut épouser Denyse-Catherine de Ville, qui était de petite noblesse, elle se serait opposée à cette union. Dans *Les Illustres Françaises* il faut, en effet, que la princesse de Cologny intervienne pour fléchir la mère de Contamine, qui pourra épouser Angélique. Il paraît difficile de reconnaître en la princesse de Cologny Marguerite-Louise d’Orléans, la fille de Gaston, qui avait épousé en 1661 Cosme III Médicis, le grand-duc de Toscane[112], puisqu’elle ne revint en France qu’en 1675 et qu’en 1667 elle réside à Florence et ne saurait donc, comme Mme de Cologny, recevoir à Paris en son hôtel ni se mêler des intrigues ou des mariages qui s’y trament. L’analogie Cologny-Coligny nous ferait plutôt penser à Isabelle de Montmorency, comtesse de Coligny, duchesse de Châtillon, puis par son remariage en 1664 Altesse Sérénissime et duchesse de Mecklembourg. Malgré ses secondes noces, elle séjournait souvent à Paris ; Robinet signale justement sa pré-

111. *Op. cit.,* t. II, p. 522.

112. Comme le supposent Frédéric Deloffre et Jacques Cormier, dans leur édition des *Illustres Françaises*, Genève, Droz, 1991, p. XLIL.

sence en janvier et mars 1667 [113]. Elle aussi fait figure dans *L'amour échapé*, où sont loués sa beauté, son "air grand et doux"[114].

L'avocat Claude Choppin de Beaulieu épousa vers 1670, semble-t-il, Marie Deschiens, la nièce du richissime et illustre Pierre Deschiens[115]. Cela ressemble fort à l'histoire de Terny, voué, comme toute sa famille, au barreau, qui fréquente chez l'opulent M. d'Ivonne, s'éprend de sa nièce Babet Fenouil et parvient à obtenir sa main.

Le riche financier Pierre Cousin éleva son fils en "grand seigneur" et mit ses deux filles à l'Abbaye-aux-Dames ; elles se rebellèrent, et l'aînée sut fléchir son père, qui la laissa épouser le marquis de Lingesures[116]. Dans *Les Illustres Françaises* Berny est "le fils d'un homme puissamment riche" et il a deux sœurs qu'on placées chez les nonnes et qui se refusent toutes deux à prendre le voile. Il n'est pas impossible que le duc de Lutry, parent du huguenot Terny, figure Charles-Belgique de La Trémouille, qui, comme son père, le prince de Tarente, et son grand-père, le duc de Thouars, était passé au catholicisme. D'ailleurs les histoires de Terny et de Du Puis sont précisément datées : ils font tous deux campagne sous Turenne, mais le premier en Alsace en 1675, le second en Flandre en 1668.

113. *Lettres en vers*, 23 janvier, 6 mars 1667.

114. *L'amour échapé*, t. II, p. 37. Elle est baptisée Mithrée.

115. Daniel Dessert, *Argent, pouvoir et société au Grand Siècle*, Paris, Fayard, 1984, p. 561. En secondes noces, Claude Choppin épousa en avril 1692 Isabelle de Félins.

116. *Pluton maltôtier*, Cologne, Adrien l'Enclume,1708, p. 233-244.

Tout nous ramène-t-il, comme l'indique le romancier, aux premières années du règne de Louis XIV ? Tout ou presque tout. Nous n'avons su identifier la duchesse de Cranves, qui est morte sans enfants "depuis environ deux ans" et a recueilli et éduqué Silvie[117]...

Dans *Les Illustres Françaises* se retrouvent la même construction et les mêmes principes que dans *La Fausse Clelie*. Les deux préfaces développent les mêmes idées et contiennent à peu près la même phrase. Le duc de Ledune paraît dans les deux romans. Les journalistes de La Haye s'amusent d'ailleurs de l'aspect du manuscrit : il est, disent-ils, "si vieux qu'il y a lieu de présumer, que l'auteur n'est plus en état d'en faire"[118], et ils reviennent à la charge : vous êtes, écrivent-ils à Challe, "plus jeune que votre manuscrit", et "nous souhaitons que vous puissiez rester dans cette louable disposition, jusqu'à l'age que votre manuscrit nous a paru avoir."[119]

Challe se défend plus ou moins adroitement. Le manuscrit, dit-il, a "un air de vieillesse", parce qu'il est passé de main en main[120]. Plus raisonnable peut paraître

117. Nous avons pensé à Louise de Belsunce, duchesse de La Force, qui mourut, veuve et sans postérité, en 1680, à la duchesse d'Aiguillon qui rendit l'âme en 1675, à Gabrielle de Longueval, duchesse d'Estrées, morte en 1687; mais l'épisode de Silvie nous transporte, semble-t-il, dans les années 1660-1670: faut-il songer à Liesse de Luxembourg, duchesse de Ventadour – mais elle finit ses jours en 1660 sous l'habit de carmélite – à l'illustre Marie-Félice des Ursins, veuve du duc de Montmorency, qui expira en 1666, mais elle aussi avait pris le voile... ?

118. *Journal Littéraire*, mai-juin 1713, p. 63.

119. *Mémoires, Correspondance complète*, p. 466-468, lettre du 9 janvier 1714.

120. *Ibid.*, p. 461, lettre du 30 décembre 1713.

cet aveu contenu dans la préface : "Ceci n'étant que des histoires différentes que j'ai entendu raconter en differens tems, & que j'ai mis par écrit à mes heures perdues." Ce qui signifie que les différents épisodes du roman n'ont pas tous été écrits au même moment et que certains peuvent remonter à un passé assez éloigné. Plus raisonnable encore paraîtra cette confession aux journalistes de La Haye : une "différence d'expression " se remarque entre les histoires ; "ce n'est pas tout à fait la même personne qui les a toutes composées."[121]

Après avoir invoqué toutes les œuvres qui précédèrent et purent inspirer *Les Illustres Françaises*, Prosper Marchand ajoute : "De Challes (*sic*) a beaucoup mieux attrapé nos manieres actuelles : aussi écrit il trente ou quarante ans plus tard que les Auteurs que je viens d'indiquer."[122] Il est vrai que le ton des *Illustres Françaises* est bien éloigné de la galanterie fleurie de Segrais. Mais y a-t-il une telle différence entre cette œuvre et *La Fausse Clélie ?* C'est la même prestesse, le même humour parfois un peu sardonique, la même dérision. Tout au plus peut-on admettre que dans *Les Illustres Françaises* le pathétique affleure plus souvent, et que le héros n'est pas seulement singulier et apte à provoquer la curiosité, qu'il peut davantage entraîner et émouvoir... C'est ainsi que nous passerions parfois du Stendhal qui observe et raille la cour de Parme au Stendhal de la passion et de la quête du bonheur. La mutation est moins accentuée que ne le dit Prosper Marchand. Que le lecteur ouvre au hasard *La Fausse Clélie*, qu'il ouvre au hasard *Les Illustres Fran-*

121. *Ibid.*, p. 459, lettre du 30 décembre 1713.
122. *Dictionnaire*, t. I, p. 184.

çaises. Il confondra vite les deux œuvres... Subligny, s'il fut l'auteur, au moins le principal auteur des *Illustres Françaises*, peut très bien s'être en partie renouvelé, ou du moins avoir prolongé certaines tentations qui perçaient dans *La Fausse Clélie*.

Il n'est pas trop difficile de tout concilier. *Les Illustres Françaises* doivent énormément à Subligny. Elles lui doivent tellement, qu'il serait tentant de les lui attribuer, en supposant un stratagème de Challe. Mais Challe a pu ajouter du sien au vieux manuscrit de Subligny. C'est un peu ce qu'il nous suggère. Il n'est pas impossible non plus qu'il ait tout revu et y ait mis sa patte...

Pour la plupart des livres qui lui sont attribués se découvrent de pareils mystères. Il revendique la *Sixième partie de Don Quichotte*, qui est parue en 1713 sous le nom de Filleau de Saint-Martin, le traducteur de Cervantès ; il affirme qu'on lui a volé le manuscrit et que Saint-Martin est "un archifourbe qui n'a rien mis à l'ouvrage du sien que des impertinences et des manques de bon sens"[123]. Mais Saint-Martin est mort en 1695. Il faudrait donc qu'avant cette date Challe ait composé cette *Continuation* et qu'on la lui ait dérobée pour la remettre à Saint-Martin.

Il est bien vrai qu'en septembre 1702 une permission est demandée pour le "tome VI (c'est-à-dire la *Continuation)* de l'histoire de l'admirable Don Quixottes de la Manche pr. un gros in 12 c(omposée) par M. Challe, Avocat"[124]. Demande restée sans réponse. Il est vrai aussi que

123. *Continuation de l'Histoire de l'admirable Don Quichotte de La Manche*, p. p. Jacques Cormier et Michèle Weil, Genève, Droz, 1994, p. 18.

124. Ms. fds fr. 21939, 878, cité dans Robert Challe, *Continuation* (...), p. 19.

le 5 novembre 1708 un privilège fut donné au "Sieur de S. Martin" et le libraire Amalry dans l'*Avis* de l'édition lyonnaise de 1713[125] put affirmer : "Monsieur de Saint Martin qui n'a rien diminué dans sa traduction de son original, a montré en continuant cette Histoire qu'il avoit herité de l'esprit du celebre *Michel Cervantes.*" D'ailleurs Saint-Martin avait déjà donné une *Continuation*, soit un tome V de *Don Quichotte*, et le tome VI se rattache si étroitement à ce tome V qu'il en ferait plutôt une suite qu'un ouvrage nouveau...

Que conclure ? Challe a écrit ce livre, et en 1702 il a demandé un privilège. On lui a volé le manuscrit entre 1702 et 1708 et quand il l'a vu paraître, il s'est prétendu dépouillé. Mais pourquoi dit-il que Saint-Martin a souillé son œuvre ? Ignore-t-il que celui-ci était mort en 1695, bien avant donc la date du larcin...? Autre hypothèse : Saint-Martin, après avoir traduit et continué *Don Quichotte*, a composé une suite supplémentaire, ou plutôt le libraire n'a publié dans le tome V que le début de la suite qu'il avait écrite. Challe a envisagé de prolonger ce tome V et a demandé un privilège. Ou peut-être a-t-il subtilisé le manuscrit de Saint-Martin ? En tout cas, il paraît avoir oublié ce projet jusqu'à la parution du livre chez David et chez Amalry... Les journalistes de La Haye offrent de le soutenir : on ferait une nouvelle publication du tome VI sous le nom de Challe. Il refuse : "J'aime mieux le laisser tel qu'il est (...) en declinant mon nom, je serois obligé de remarquer toutes ses fautes."[126]

125. Il y eut deux éditions en 1713, l'une à Paris, chez Michel-Etienne David, l'autre à Lyon, chez Amalry.

126. *Mémoires, Correspondance complète*, p. 511, lettre du 13 mars 1716.

Curieux auteur qui demande une compensation financière parce qu'il a été dépouillé, mais refuse de revoir l'ouvrage et de le publier sous son nom.

Cela expliquerait pourquoi *La Fausse Clelie* a été republiée en 1710 sous le titre d'*Histoires Françoises*. Comme si Challe, plus soucieux d'argent que de gloire, avait donné au libraire l'œuvre de Subligny, après l'avoir recopiée et corrigée quelque peu. Sans vouloir – le prudent homme – que son nom apparaisse sur la page de garde.

Ses lettres au *Journal Littéraire* suscitent l'ironie. On lui a volé le manuscrit des *Illustres Françaises*. On lui a volé le manuscrit de la *Continuation*. "Il me semble, avoue-t-il, qu'il soit de ma destinée qu'on me vole tous mes manuscrits"[127]. Cela fait rire. Les journalistes de La Haye lui adressent ce vœu : "Vous composerez à l'avenir tout ce qu'il vous plaira, sans être exposé au chagrin de vous voir voler vos manuscrits"[128], et son ami Bocheron se moque : "Voulez-vous que je vous parle à cœur ouvert, je ne sais plus que dire de tant de larcins."[129] On le prend beaucoup moins au sérieux en son siècle qu'à notre époque...

En janvier 1714 il propose – toujours aux hommes de La Haye – des *Tablettes chronologiques*, qui lui auraient coûté beaucoup de temps et beaucoup de peine[130]. Les journalistes ne se dépêchent pas d'examiner le manuscrit, en tout cas de donner leur avis. Il les relance, et c'est seu-

127. *Ibid.*, p. 502, lettre du 26 décembre 1714.
128. *Ibid.*, p. 509, lettre du 22 janvier 1715.
129. *Ibid.*, p. 509, note 11.
130. *Ibid.*, p. 476, lettre du 22 janvier 1714.

lement le 22 janvier 1715, qu'ils se déclarent : ils relèvent dans ce texte plusieurs détails à modifier. Le temps passe. Le 13 mars 1716, il se déclare prêt à abandonner ses *Tablettes* contre une somme d'argent[131]. Cela ne donne rien : il se plaint le 6 juillet 1718 de n'avoir aucune nouvelle de son ouvrage et doit constater le 8 septembre que les gens de La Haye ne s'y intéressent pas.

G. Marcel "avocat au Parlement" avait publié en 1688 des *Tablettes chronologiques Contenant la suite des Papes, Empereurs, & Roys qui ont regné depuis la naissance de J. Chr. jusqu'à present, pour servir de plan à ceux qui lisent l'histoire profane*[132]. Nimbé d'astrologie (le premier feuillet porte le Soleil, Jupiter, Mars, Mercure, Saturne, les Trois Points, le Croissant, Vénus), ce petit livre présente une chonologie de tous les souverains d'Europe – d'abord les papes, puis les sultans, les empereurs, le rois de France, d'Espagne, de Portugal, d'Angleterre, de Pologne, de Danemark, de Suède. "Je n'(...) ay jamais eü d'autre (dessein), affirme l'auteur, que de me plaire et de me rendre utile à toutes sortes de personnes." L'ensemble est un peu ambigu : s'agit-il d'un manuel un peu rudimentaire et utile ou d'une plaisanterie d'érudit ou de pseudo-érudit ?

Challe n'a pas présenté aux journalistes de Le Haye le texte de Marcel, puisqu'ils lui reprochent d'avoir mal parlé de Guillaume III et que Marcel avait publié son ouvrage avant la révolution d'Angleterre... Mais celui qui réclame la *Continuation de Don Quichotte* (tout en veillant à cacher son nom), qui publie sous l'anonymat

131. *Ibid.*, p. 511.
132. Paris, Denys Thierry.

Les Illustres Françaises et peut-être les *Histoires Françaises*, peut très bien avoir récrit à la main, éventuellement corrigé et complété les *Tablettes* de 1688[133].

Challe vautour, pilleur de cadavres ? Cela n'a rien d'invraisemblable. Même son *Journal de voyage* est passablement suspect. Les historiens de la marine le jugent "un faux témoin du drame de La Hougue"[134], et Prosper Marchand, qui est plutôt bien disposé à son égard, émet des doutes devant ce récit, qui lui paraît un peu trop proche du *Voyage* que Michel Pouchot de Chontassin publia en 1692.

Marchand a vu un manuscrit "de la même écriture que le *Journal de Voyage aux Indes Orientales*". C'était "une espèce de chronique scandaleuse de quantité de familles de Paris, parmi lesquelles celles des financiers, Partisans, Maltotiers etc. n'étoient nullement oubliées."[135] Il s'agit évidemment des *Mémoires* de Challe, qui à côté de quelques anecdotes – souvent suspectes – sur la famille et l'enfance de l'écrivain, contiennent quinze chapitres sur trente-quatre consacrés à la dénonciation des bassesses et des méfaits des traitants. Les *Mémoires* terminés le 9 septembre 1716 s'inscrivent, nous l'avons déjà supposé[136], dans l'ensemble des attaques subies, au début

133. L'entreprise fut reprise beaucoup plus sérieusement par Lenglet-Dufresnoy, qui composa des *Tablettes chronologiques de l'Histoire universelle, Sacrée et Prophane, Eclesiastique et Civile, Depuis la creation du monde, jusqu'à l'an 1742*, Paris, De Bure, Gaveau, 1743.

134. Tel est le titre de l'article qu'Henry Le Marquand lui a consacré, dans la *Revue Historique*, août 1933, p. 58-67.

135. *Dictionnaire*, t. I, p. 186.

136. Voir notre communication, "Le monde de la finance dans les *Illustres Françaises* et dans les *Mémoires* de Robert Challe", dans *Lectures de Robert Challe, Actes du colloque de la Sorbonne (26-27 juin 1996)*, p.p. Jacques Cormier, Paris, Champion, 1999.

de la régence, par les financiers. En mars 1717 changement de politique : la chambre de justice, instituée pour faire rendre gorge aux partisans, est supprimée. Challe – ce n'est peut-être pas une coïncidence – est exilé deux mois plus tard...

Dans ses *Mémoires* reparaissent les figures et les aventures plus ou moins scandaleuses des financiers peints dans les libelles de 1708-1710 – *Nouvelle Ecole Publique des Financiers, ou l'Art de voler sans ailes, Les Partisans Demasquez, Pluton maltôtier, L'Art de plumer une poule sans crier, Les Tours industrieus, subtils et gaillards de la Maltote, avec ce qui se pratique en France pour parvenir à être financier au sortir de derriere un Carrosse.* C'est alors qu'on joua *Turcaret,* et l'on songea, comme on le fit en 1716, à créer une chambre de justice pour taxer les financiers, voire confisquer leurs biens.

Ce manuscrit est de la même main que le *Journal de voyage.* Avec sur sa table le *Voyage* de Pouchot de Chontassin Challe a écrit son *Journal de voyage.* Avec les libelles qui parurent au temps de *Turcaret* il a rédigé ses *Mémoires.* Comme il avait pu récrire la *Continuation* de Saint-Martin et les *Tablettes* de Marcel et compléter le vieux manuscrit des *Illustres Françaises.*

Challe vautour, pilleur de cadavres ? il ne faut peut-être pas trop noircir "le fort aimable homme", "l'enfant de Bacchus". La littérature au temps de Mme de Maintenon et du régent – surtout les genres dits inférieurs, le roman, le journal, les mémoires – est bien éloignée d'avoir le visage sacré qu'elle prit après Jean-Jacques Rousseau et Chateaubriand. Plutôt que de prendre des mines scandalisées, il convient de jeter sur ces larcins le regard ironique des journalistes de La Haye. Nous sommes au temps des "supercheries littéraires". Les *Mémoires d'Henriette Silvie de Moliere* sont réimprimées en 1700 et en 1722 et attribuées alors à l'obscur Alegre[137]. On fait alors maintes éditions subreptices, les auteurs disent qu'on leur vole leurs manuscrits et ne se gênent pour se piller les uns les autres...

Rien n'est plus périlleux que de chercher des confidences personnelles et surtout des idées personnelles dans ces œuvres faites parfois de morceaux pris à droite et à gauche et cousus plus ou moins habilement. Tout ou presque tout semble possible...

137. Très peu connu, mort en 1736, on lui attribue une traduction de Saadi, *Gulistan, ou l'Empire des Roses, Traité des mœurs des rois*, 1704, l'*Histoire de Moncade*,1736, *L'Art d'aimer, poème en trois chants*, 1737.

SUBLIGNY, CHALLE ET GUILLERAGUES

Dans *Les Illustres Françaises* se lisent des lettres dignes de celles de Mariana Alcoforado. Ce sont celles qu'écrit Clémence de Bernay à Terny. Que dire de pareils accents ?

> "Je n'ai vécu que pour vous. C'est vous qui m'avez fait prendre soin de ma vie, je ne l'ai considérée que parce que j'ai cru que vous y preniez intérêt. Vous n'y en prenez plus, je consens à l'Arrêt que votre indifference me prononce(...) que ferais-je dans un couvent ? Suis-je digne d'être au nombre des Epouses d'un Dieu pur, moi qui ne respire qu'un mortel."[138]

Nous venons de rencontrer l'édition des *Lettres portugaises* donnée en 1824 par José-Maria de Souza Botelho[139]. Ministre plénipotentiaire en France jusqu'en 1803, il perdit à cette date son emploi, mais demeura à Paris. Il se fit le savant éditeur des *Lusiades* et des *Portugaises*. Il avait épousé en 1799 la veuve du comte de Flahaut, Adelaïde-Marie-Emilie Filleul, une femme d'esprit, qui se fit connaître par ses romans. On peut supposer qu'elle l'aida pour le commentaire des *Portugaises*.

138. *Op. cit.*, t. I, p. 161-162.
139. Signée "D.J.M.S.", Paris, Firmin Didot.

Dans la modeste *Notice bibliographique* qu'il a placée en tête de l'ouvrage, il dit des choses très sensées. Il souligne l'énorme différence qui existe entre les cinq lettres authentiques et les sept lettres de "la femme du monde". Dans les unes se reconnaît le génie de la langue portugaise ; on pourrait les retraduire mot à mot. Les autres au contraire sont "entièrement françaises et ne portent aucune empreinte du style portugais"[140]. Autant celles-là peuvent nous toucher par leur simplicité passionnée, autant celles-ci choquent par leur style "trivial, alambiqué, froid et plein d'inconvenances" : il y relève des tournures, qui en effet semblent extravagantes, et les noms d'aristocrates portugais qu'on y rencontre – marquise de Castro, duc d'Almeida – sont imaginaires[141]. Peut-être le traducteur des cinq premières lettres leur a-t-il fait perdre "une partie de leurs grâces", et il convient de les remettre en portugais pour en retrouver tout le charme. Ce qu'il fait dans son édition, présentant sur chaque page de gauche le texte français et en regard la version en portugais qu'il propose.

Mariane Alcoforado a écrit les lettres. Chamilly en était le destinataire ; Subligny en fut le traducteur. Quant à Guilleragues, on peut tout au plus lui attribuer les réponses, ou peut-être les sept lettres de "la femme du monde". Avouons toutefois que ce "plaisant de beaucoup d'esprit" n'a pour ainsi dire rien écrit[142]....

L'affaire paraît réglée. Nous ne sommes évidemment parvenus à aucune certitude, mais un édifice à peu près

140. *Ibid.*, p. 16.
141. *Ibid.*, p. 20, sv.
142. *Ibid.*, p. 61.

cohérent se dégage. Souza n'a pas tort d'écrire : "Il n'est guère probable d'après (...) (la) position et (...) l' état (de Guilleragues) que M. de Chamilly lui eût donné ses lettres à traduire."[143] En effet, Guilleragues était un trop grand personnage pour s'abaisser à cette tâche. il demeure malgré tout un peu arbitraire de préférer l'avocat à l'ambassadeur, et, alors que la tradition hésite entre les deux noms, de retenir l'un pour le chef-d'œuvre, ou du moins la traduction du chef-d'œuvre, et l'autre pour tout ce qui est "pseudo", vulgaire, alambiqué, contrefait...

Les deux hommes ont dû se rencontrer. Près de Molière, dans le midi ou au Palais-Royal. On a parfois attribué à Brancas *La Fausse Clelie*. Brancas était un proche de Guilleragues. Il est encore plus troublant de retrouver dans *La Fausse Clelie* le monde de Guilleragues : Bordeaux, sa fronde et ses parlementaires (*Histoire de Mlle Juliette d'Arviane)*, Toulouse (*Histoire de Monsieur le marquis de Riberville, Histoire de l'abbé de Saint-Firmin*), le duc de Candale (*Histoire de Monsieur le Duc de Candale*) à qui Guilleragues écrivit une lettre si tendre en septembre 1657[144].

En somme Subligny peut avoir écrit *Les Illustres Françaises* et Guilleragues peut avoir écrit *La Fausse Clelie*. L'érudition ne saurait-elle conduire qu'à des paradoxes ?

Si Guilleragues et Subligny se sont fréquentés et ont pu écrire les mêmes choses, il n'est pas tellement étonnant que pendant des siècles on ait hésité pour donner à l'un ou à l'autre les *Lettres portugaises*. Va-t-on imaginer

143. *Ibid.*, p. 63.

144. Guilleragues, *Correspondance*, p. p. Frédéric Deloffre et Jacques Rougeot, Paris, Genève, Droz,1976, p. 13.

qu'ils ont travaillé ensemble, ou plutôt que le besogneux Subligny a écrit ce que Guilleragues a pensé ou ébauché ? Cela demeure un peu fantastique. Ou préférerons-nous faire apparaître un groupe, celui qu'Antoine Adam discernait[145], un groupe où Mme de Lafayette et Mme Scarron siégeaient avec La Rochefoucauld et son fils, Segrais et Barillon ? Groupe proche de Molière et de Boileau, assez hostile d'abord à Racine, qui a préféré l'hôtel de Bourgogne au Palais-Royal. Le président Henault ne nous dit-il pas que son père fut à la fois l'admirateur de Corneille et de Boileau ?

Un flottement subsiste. Il n'est pas impossible que Guilleragues ait aidé Subligny à écrire *La Fausse Clelie* en lui remettant des mémoires sur la Guyenne et le Languedoc au temps de Candale. Il n'est pas impossible non plus que Challe ait subtilisé un vieux manuscrit de Subligny pour en faire ses *Illustres Françaises*, qui ne lui doivent peut-être que quelques personnages et des corrections de détail...

145. *Histoire de la Littérature Française au XVII° siècle*, Paris, Domat, t. III, 1952, p. 113.

SUBLIGNY, CHALLE, GUILLERAGUES, MME DE LA SUZE ET MME DE VILLEDIEU

Mme de la Suze et Mme de Villedieu ont été encouragées et conseillées par Subligny. On retrouve dans les *Mémoires d'Henriette Silvie* la morale, la technique et le style de *La Fausse Clelie*.

Se découvrent ainsi un ensemble d'œuvres, qu'aucun génie solitaire n'a composées, mais qui émanent de rencontres, de conversations, de conseils, de critiques.

Au centre de tout Subligny. "Il écrivoit comme sa fille danse". En peu d'années il écrivit beaucoup et plus encore que nous ne pouvons le savoir[146].

Il collabore avec Jean-Rémi Henault, il collabore, on peut parler ainsi, avec Mme de la Suze et Mme de Villedieu. Peut-être d'une autre manière avec Guilleragues. Et, quand il travaille pour la scène, il suit l'exemple et les conseils de Molière.

Il n'est pas seulement l'interprète, il est un peu le créateur, d'un nouveau goût. Même s'il admire Corneille, il appartient à la génération nouvelle, celle de la jeune cour, celle de Molière et de Boileau.

146. Nous avons vainement cherché *Les hommes illustres*, qu'il aurait tirés de Brantôme.

La politique ne joue, pour ainsi dire, aucun rôle dans les *Memoires d'Henriette Silvie de Molière* ou dans *La Fausse Clélie*. Pourtant les tribulations d'Henriette Silvie et tout ce que narrent Montal et ses amis, encourageaient, si l'on s'y prêtait, à des analyses du pouvoir.

Rien de politique, rien non plus de philosophique dans ces livres. Le concret n'est pas fui, mais aucune complaisance aux charmes des couleurs et des bruits ; il ne reste que ce qu'on appelait la "morale", et le grand sujet de la morale est l'amour.

Les œuvres de Mme de Villedieu, comme celles de Mme de Lafayette, marquent un extraordinaire dessèchement de l'immense matière que brassait Madeleine de Scudéry. Celle-ci, comme Balzac et comme Proust, parlait de tout. Elle évoquait tout le bassin méditerranéen, ses ports, ses déserts et ses princes. Elle narrait le banquet des sept sages et permettait à Hésiode d'annoncer tout le destin de la poésie. Des ambitieux, des jaloux, des ermites, des princes dépossédés, des femmes à la recherche de leur liberté, paraissaient dans leurs bois, dans leurs palais, et cela ne gênait pas de retrouver les hôtels et les jardins des bords de la Seine, les châteaux d'Ile-de-France, parmi les hauts faits de l'histoire grecque et de l'histoire romaine...

Comme tout a changé vers 1665 ! Il ne reste plus qu'un sujet, les bizarreries ou les fureurs de l'amour. Les bizarreries, c'est pour les comédies et pour les nouvelles. Une gerbe de récits, comme dans *La Fausse Clélie*, une suite d'anecdotes comme les *Mémoires d'Henriette Silvie*. Ce sont des œuvres d'entomologistes, et les fictions chargées d'unifier les ensembles – les devisants qui échangent leurs relations, l'héroïne qui traverse le monde et ses fracas – ne sont pas toujours convaincantes...Après tout, les amis qui se retrouvent à Vaux-le-Vicomte, pourraient se conter bien d'autres choses, et n'est-ce pas parce que c'est une convention presque insurmontable, qu'Henriette-Silvie aboutit à la paix du couvent ?

Les fureurs de l'amour – Hermione et Oreste viennent de paraître sur le théâtre, Marianne Alcoforado, traduite par un lecteur d'Ovide, Catherine Desjardins délaissée par Villedieu, Mme de la Suze leur font écho. Un groupe de femmes qui ont connu le plaisir et ne peuvent accepter l'abandon...

Le trait dominant de cette nouvelle littérature est une distance entre le public et les personnages. Au temps de Corneille et de Madeleine de Scudéry, le héros, qui parcourait l'univers, le comprenait, voulait le dominer, offrait au lecteur sa liberté conquérante et le conviait à participer à ses entreprises, à ses calculs, à ses erreurs et à ses victoires. Désormais le héros s'est éloigné. Il est devenu dans la comédie, dans la nouvelle et dans ces gerbes de nouvelles que sont les *Mémoires* ou les *Histoires* un *cas* instructif et amusant. La querelle est "folle", le désespoir "extravagant". Subligny sous le masque de Lusigny fait de lui-même, comme le feront Musset ou Daudet, une figure singulière et assez risible. Qu'on lise ces lignes délicieuses dignes de Retz et de Stendhal :

> "Je sortis de Bordeaux en mesme temps, & m'en revins à Paris estre amoureux de deux grands yeux noirs avec qui je logeois. Cette seconde passion me deffit de la premiere, mais je n'en fus guere plus en repos. La place estoit prise, je ne servois que de pis aller. On avoit outre cela plus de sagesse que je n'en demandois, & la sagesse me tuë. Je pensay m'empoisonner & me battre

> encore pour cette Maistresse : je n'en trouvay point d'autre secret de l'oublier qu'en m'embarassant d'un troisiéme amour, qui encore qu'elle soit plus douce sera neantmoins plus fâcheuse que les autres"[147].

C'est ce qu'on peut appeler l'humour. A l'autre bout les amantes aux yeux gonflés de larmes et au corps ravagé par l'insomnie viennent gémir, leur lyrisme est excessif, morbide ; elles sont elles aussi des cas, qui incarnent des *désordres de l'amour*...

Ainsi sommes-nous appelés à nous octroyer une flatteuse supériorité sur tous ces égarements. On peut indéfiniment se demander si Alceste est comique ou tragique. on pourrait jouer le rôle d'Hermione en farce...Il n'est pas tellement de distance entre le fracas lyrique et l'hyperbole farcesque. "L'amour est un grand recommenceur", disait Bussy-Rabutin, et cela s'appliquait aisément aux héroïdes de Mariane Alcoforado, dont on excusait les redites en y voyant, pour ainsi dire, un signe pathologique.

"L'amour est un grand recommenceur", mais l'avarice d'Harpagon, l'hystérie de Juliette d'Arviane et de Mme de Laumer, sont aussi de grands recommenceurs.

Subligny a été assurément l'un des principaux créateurs de cette nouvelle littérature. Mais c'est Boileau, l'ami de Guilleragues et de Mme de Villedieu, l'admirateur de Mme de la Suze, qui s'en fit le législateur. Il commence par recourir à la peinture, ce qui implique le recul :

> "Il n'est point de serpent ni de monstre odieux,
> Qui par l'art imité, ne puisse plaire aux yeux :
> D'un pinceau délicat l'artifice agréable..."[148]

147. *La Fausse Clélie*, p. 305.
148. *L'Art poétique*, chant III.

Il affirme surtout la primauté du sujet (sublime ou plaisant) et l'effacement de l'auteur, qui ne doit chercher qu'à dire le vrai, et qui donc ne doit pas contrefaire la passion, s'il ne l'éprouve pas, ni s'évertuer à déployer une clinquante ingéniosité. Vérité, simplicité, sincérité, sont les maximes fondamentales, et il est ainsi permis d'instruire autant que de plaire.

La littérature a pour sujet la dénonciation des passions, qu'elles fasent sourire ou qu'elles fassent trembler. La littérature est donc une école de sagesse. Les héroïnes parviendront à trouver la paix – dans le renoncement, comme Bérénice, dans une mort volontaire et noble, comme Eriphile ou Phèdre, dans une pieuse retraite comme la princesse de Clèves. Les fantoches des nouvelles et des comédies ne guérissent pas ; Alceste est aussi sauvage à la fin de la pièce qu'au début, Harpagon va retrouver sa chère cassette, Lusigny qui se battait avec sa maîtresse, s'embarque dans de nouvelles amours qui ne seront pas plus heureuses...

C'est peut-être la grande différence entre les deux genres. Les passions sont ici et là "de grands recommenceurs", mais ici on peut en sortir et aboutir aux froides plages de la sérénité ou à un châtiment à soi-même infligé, et là on ne cessera indéfiniment de repasser par les mêmes erreurs, de piétiner les mêmes traces et de tournoyer en vain, comme si l'on était encagé. Le public le sait d'emblée et l'écrivain ne cesse de le lui suggérer. La passion tragique peut parvenir à la sagesse, et c'est pourquoi elle est respectable. La passion comique est proprement animale, et donc avilissante et méprisable. Ce qui fait que la tragédie est bien plus réconfortante que la comédie, car la pitié est nimbée d'espérance et que le rire est un acte de rejet et presque de mort.

En tout cas, la génération précédente nous montrait – et c'est le sens du vrai roman, du roman-fleuve, du roman à épisodes – un univers qui se fait et qui à la limite ne sera jamais achevé. Nous voyons maintenant un monde éloigné et terminé : nous savons toujours comment cela va se terminer ; les tragédies de Racine sont des cérémonies, qui avec des prétextes différents représentent le même mythe et la même foi. Si Mme de Lafayette recourt à l'histoire du XVI° siècle, c'est pour nous signifier également qu'elle nous transporte dans un monde déjà mort et elle fait ainsi de son œuvre une biographie à la Plutarque ou plutôt un éloge funèbre... Et l'histoire doit être aussi exacte que possible, pour renforcer évidemment la crédibilité du roman, mais aussi pour le faire basculer dans un passé irrévocable. L'histoire de Rome ou de la Perse, qu'évoquait Madeleine de Scudéry, tolérait en revanche d'énormes fictions – l'union de Cyrus et de Mandane, celle de Clélie et d'Aronce. Au lieu d'avoir une fonction de mort, elle permettait l'ouverture sur l'univers et la poétisation des protagonistes et de leurs amours.

Dans la comédie et la nouvelle nous sommes, comme dans la tragédie, conviés à contempler un exercice codé. Les personnages ressemblent toujours un peu à Auguste et au Clown Blanc. Nous n'avons pas grand chose à voir avec eux, et si nous rions, c'est parce que nous sommes fiers de n'avoir pas grand chose à voir avec eux – ou plutôt que nous pouvons craindre par instants de leur ressembler, que peut-être nous leur avons ressemblé, et qu'heureusement nous nous le rappelons...

Le roman de cet âge ne sera plus l'appréhension de l'univers. Il a pris pour sujet, comme *La Princesse de Clèves*, comme beaucoup de tragédies, la découverte de la sagesse et le renoncement aux passions. Alors que la retraite d'Henriette-Silvie ne signifie aucune mutation réelle, l'héroïne de Mme de Lafayette, entrant dans sa maison religieuse, paraît imiter Bérénice qui partait pour l'Orient. L'œuvre paraît ambiguë, n'ayant pas l'optimisme fondamental du roman baroque, enclavant des nouvelles d'entomologiste (l'histoire de Sancerre, celle d'Anne Boleyn, celle de Mme de Valentinois) dans une cérémonie racinienne. Le roman ne serait donc plus qu'une introduction à la vie dévote parmi les imbroglios de la vie de cour et les erreurs des passions.

Ainsi la génération de la jeune monarchie louis-quatorzienne, laissant la politique, l'histoire du monde, la diversité des paysages et des civilisations, se contente d'une fierté sereine en face des désordres affectifs, qui peuvent paraître plus ou moins risibles, plus ou moins pitoyables...Une thématique aussi simple permet d'accéder plus aisément à une forme exquise. On sait d'avance ce que l'on va dire, le lecteur le sait. Il s'agit simplement de lui offrir une variation sans défaut sur un thème de tous connu, et, pour ainsi dire, irréfutable...

Les personnages répètent les mêmes égarements. Le classicisme ne serait-il que cet extraordinaire effort pour dominer et varier une monotonie illimitée ?

Le temps est donc venu des critiques de détail. Les *Discours* de Corneille, si pointus, si raffinés, inaugurent cet âge, mais il nous manque ce qu'il aurait écrit de l'élocution. Bouhours, Boileau, La Bruyère vont suivre. On va commencer à disserter des heures du rythme d'un vers ou d'une alliance de mots. Puisqu'on est d'accord sur l'essentiel et qu'on ne demande à la littérature que de le redire le mieux possible, c'est sur cette diction qu'on va raffiner et s'opposer. Il viendra un moment où le thème, à force d'être répété, semblera exténué. il paraîtra presque indifférent. Un académisme, avec les Modernes, se déclarera, mais cet académisme, n'étant au fond que le constat de la déchéance et de l'inutilité des thèmes classiques, permettra à l'idée de se libérer et de se renouveler.

Subligny l'un des fauteurs du classicisme ? Il faut relire ce qu'il dit d'*Andromaque*, la première tragédie vraiment racinienne. Il se jette dans des critiques de détail. Il s'attache à montrer, et en général il n'a pas tort, que

> "si l'on veut se donner la peine de lire l'*Andromaque* avec quelque soin, on trouvera que les plus beaux endroits où l'on s'est escrié et qui ont remply l'imagination des plus belles pensées, sont des expressions fausses ou sens tronquez qui signifient tout le contraire ou la moitié de ce que l'autheur a conceu luy mesme, et que parce qu'un mot ou deux suffisent à faire souvent deviner ce qu'il veut dire, et que ce qu'il veut dire est beau, l'on y applaudit sans y penser, tout autant que s'il estoit purement écrit et entierement exprimé."[149]

Bref, *Andromaque* est une belle œuvre, mais sa beauté n'apparaît que si l'on veut oublier les menues ombres qu'y jettent des négligences d'écriture. Il faut, au contraire, aller jusqu'à *Andromaque*, telle qu'elle

149. *La Folle Querelle*, Paris, 1881, préface, p. 9.

devrait être, sans les souillures qui la déparent. C'est reconnaître le génie de Racine et le "frisson nouveau" qu'il apportait au théâtre. Quand il en vient aux personnages, Subligny les imagine tels que Corneille (ou un Corneille abstrait qui serait le dramaturge idéal) les aurait campés, et il ne paraît rien comprendre à Hermione. Il a bien vu qu'elle incarnait une "passion brutale", mais au lieu d'admirer cette éblouissante création, il explique que Corneille l'aurait édulcorée, ou plutôt rationalisée. Pyrrhus chez lui aurait manifesté quelques regrets d'abandonner sa fiancée, elle n'aurait pas poussé aussi violemment Oreste au crime, elle aurait eu moins d'emportement et aurait marqué quelque plaisir d'être vengée... Le personnage serait ainsi descendu de l'univers pathologique de la passion aux compromis et aux vraisemblances de la psychologie coutumière. Subligny a évidemment raison de recommander à Racine une expression plus parfaite, et le poète se souviendra de ses conseils, mais pourquoi lui demande-t-il de faire d'Hermione une princesse presque raisonnable, alors que sa grandeur et, si l'on peut dire, son charme résident d'abord dans sa démence ? Mais peut-être au fond n'a-t-il pas tort. Peut-être ne veut-il pas affaiblir la démence d'Hermione, mais simplement la rendre crédible, la lier plus étroitement à ce qu'on attend d'une femme trahie. N'est-ce pas aussi une mission du plus grand théâtre, que de donner à tous des circonstances atténuantes et de rendre humain ce qui semblerait inhumain ? N'est-ce pas que dans *Bajazet* et dans *Mithridate* Racine s'est souvenu de ces avis, essayant de rendre compréhensible par une subtile progression ce qui paraît fou – les crimes de la sultane et le pardon du vieux roi ?

Le classicisme ne consiste pas seulement à décrire dans le rire ou dans l'horreur ce qui est singulier et, pour ainsi dire, étranger à nous. Il consiste aussi à nous le faire comprendre – c'est-à-dire que la sagesse ne réside pas uniquement dans les conversions du dénouement ni dans la sérénité du spectateur ; elle circule à travers tous les aveux et les égarements des acteurs. "Il n'y a que le vraisemblable qui touche dans la tragédie" : cela ne signifie pas qu'il faille éliminer le parricide ni l'inceste d'Oedipe, mais qu'il faut leur prêter une vraisemblance, sans laquelle ils ne sauraient nous intéresser...

Rencontrant, louant et critiquant *Andromaque*, Subligny se fait l'interprète de l'esthétique nouvelle – une forme exquise, un achèvement aussi pur qu'il se peut, une étroite vraisemblance et, à travers tout cela, un regard qui reste paisible, une distanciation qui résiste à tous les charmes...

TABLE DES MATIÈRES

Enrichissement typographique
et achevé d'imprimer par :
IMPRIMERIE DE LA MANUTENTION
Mayenne
Janvier 2000 – N° 462-99

Dépôt légal : 1er trimestre 2000